"北大招生考试研究丛书"编委会

主　编： 高　松

副主编： 秦春华　初育国　常桐善（美国）

编　委（按姓氏笔画排序）：

丁光宏　于世洁　王亚章　王明舟　刘清华

吴　敏　张黎明　林　方　林　莉　郑益慧

姜　辉　傅　尧　虞立红　訾艳阳　臧永军

北大招生考试研究丛书

CHONGXIN CHUFA
Zhongmei Daxue
Benke Zhaosheng Bijiao Yanjiu

重新出发
中美大学本科招生比较研究

秦春华 /著

图书在版编目(CIP)数据

重新出发：中美大学本科招生比较研究/秦春华著. —北京：北京大学出版社，2016.7
（北大招生考试研究丛书）

ISBN 978-7-301-26931-2

Ⅰ.①重…　Ⅱ.①秦…　Ⅲ.①高等学校—本科—招生—对比研究—中国、美国　Ⅳ.①G647.32

中国版本图书馆 CIP 数据核字（2016）第 029657 号

书　　　名	重新出发——中美大学本科招生比较研究
著作责任者	秦春华　著
责 任 编 辑	高桂芳
标 准 书 号	ISBN 978-7-301-26931-2
出 版 发 行	北京大学出版社
地　　　址	北京市海淀区成府路 205 号　100871
网　　　址	http://www.pup.cn
电 子 信 箱	zyjy@pup.cn　　新浪微博：@北京大学出版社
电　　　话	邮购部 62752015　发行部 62750672　编辑部 62754934
印 刷 者	北京鑫海金澳胶印有限公司
经 销 者	新华书店
	730 毫米×1020 毫米　16 开本　14.25 印张　210 千字
	2016 年 7 月第 1 版　2018 年 5 月第 2 次印刷
定　　　价	35.00 元

未经许可，不得以任何方式复制或抄袭本书之部分或全部内容。　ISBN 97 -7-301-26931-2
版权所有，侵权必究

举报电话：010-62752024　电子信箱：fd@pup.pku.edu.cn
图书如有印装质量问题，请与出版部联系，电话：010-62756370

献给我的父亲秦孝先生和母亲王芝芳女士

总　序

中国是世界上最早通过考试制度选拔人才的国家。长达一千三百多年的科举制度，曾经在古代中国的历史上发挥过重要作用。时至今日，中国依然是世界上考试规模最大的国家之一，每年仅参加高考的人数就接近一千万。

然而，无论是在考试技术、命题水平，还是在测试效果和考试研究等方面，中国与一些发达国家相比尚有较大差距。特别是在高校招生问题上，多年来我们习惯于通过单一的笔试成绩排序来选拔学生，这种方式固然有利于维护公平，但不可避免地丧失了许多对于人才选拔和培养而言至为宝贵的信息。

大学的根本任务在于立德树人，这是大学的历史使命和时代重任。本科人才培养，更是世界顶尖大学重点关注的核心。一所大学的质量和声誉，主要建立在她所培养的本科人才质量及其在全球人才市场上的国际竞争力。近年来，世界高等教育发展的一个重要趋势就是更加重视本科教学模式的改革和创新，并为此投入了大量资源。尤其在亚洲，一些新兴大学，通过组建新型的本科住宿学院，正在推动着一场深刻的变革。相比而言，多年来，我国重视科研甚于教学，强调研究生教育多于本科生教育，使得本科教育水平相对薄弱，对于本科人才培养的理念、目标以及实现方式的认识还有待进一步提高和深化。

改革本科人才培养模式的第一步是改革招生考试制度。高水平的本科人才培养质量，必有赖于第一流的生源质量。高质量的生源，不一定完全通过高考脱颖而出。更重要的因素在于，学生是否与大学的文化和传统相匹配、相适应，学生是否具备成为优秀人才所必备的价值观和潜质等。对于北京大学而言,就是要选对"好苗子",通过培育合适的土壤,为学生提供宽松的环境和自由的氛围,努力将学生培养成为既有浓厚的爱国情怀和人文关怀、又具备很强的实践能力和创新能力,既有高尚的信念追求和百折不挠的意志、又具备建立在理性思维、批判性思维和创造性思维之上的远见卓识,既有扎实的专业技能、又对文学艺术和科学技术有浓厚兴趣和广泛涉猎的领军人才。

人才培养是世界上最艰巨最复杂的事业。这一挑战首先在于成效时间长。对于科研工作而言,"板凳要坐十年冷"是能够做到的,但"十年树木,百年树人",人才培养的效应至少要数十年甚至更长的时间才能显现。这就需要教育工作者必须摒弃短视眼光,沉下心来、脚踏实地,通过日积月累的言传身教和润物无声的潜移默化,真正立足于人的成长成才去开展扎扎实实的工作。第二个原因是面临复杂的不可测因素。对于科研工作而言,科学家的成就来自于对思维和实验的控制,尽管实验结果常常难以预料,但总是可以通过调整方案和计划不断尝试。而教育的效果必须通过受教育者本身来体现,培养成效的变化和结果极大地受到教育者的影响,这就使不确定性大大增加了。因此,要把一个人真正培养成为杰出的优秀人才,不仅取决于教育者和受教育者自身的努力,而且还取决于其他一些外部因素。第三个原因是教育不允许失败。科学研究是允许和容忍失败的,所有科学研究上的伟大成就无不建立在无数次的失败之上。教育则不同,教育的对象是人,教育不能像做科研那样进行实验,也无法容忍失败。因为失败的后果会直接影响甚至改变一个人的一生。所以在进行教育改革的过程中,我们必须坚持"以人为本",保持兢兢业业、尽职尽责的态度,可以大胆地想象,但在具体实施时一定要谨小慎微,看准了再做,稳步推进,最大可能地降低失败的概率。

2013年5月,北京大学专门成立了考试研究院,致力于推动招生考试制度改革的探索研究,并按照中央要求,对推进高校招生的综合评价多元录取机制提供相应的政策研究和咨询支持。学校特别聘请在人才选拔方面具有丰富经验的秦春华先生出任院长。考试研究院十分重视理论研究工作,提出要出版一套"北大招生考试研究丛书",特别是要先翻译一批国外顶尖学者在这一领域的有影响的著作。我认为这是很有价值很有必要的,有助于填补国内这方面研究的空白。我也希望,他们一方面能以此为基础做好理论研究,另一方面还要结合中国的实际情况设计出具有中国特色的招生考试制度,科学合理地建立不同类型拔尖创新人才的录取途径,探索完善多元录取的招考机制。这是更重要,也是更为艰巨的任务。

　　是为序。

中国科学院副院长
北京大学前校长　　王恩哥
2015 年 5 月

序

大学教育最根本的使命是培养人。培养人的第一步,也是关键的环节,是选拔人。多年来,我们比较重视人才培养,在本科教育模式、教学方法改革等方面进行了大量卓有成效的探索,但对于人才选拔相对关注不够。这一方面是因为现行考试招生制度按照高考分数统一集中录取,大学缺乏根据自身办学特色和人才培养需求选拔与之相匹配的学生的路径和动力;另一方面,大学管理者也缺乏对人才选拔规律的认知与重视。

但我们应当也必须要重视人才选拔。教育是双向的,没有好的苗子,怎么可能将其培养成参天大树?固然,能将任何一个人培养成才,可以看得出教育者的本事——正所谓"有教无类",但是,在资源稀缺的情况下,将那些有天赋的学生选拔出来,让他(她)们在更合适的土壤里接受优质教育,未来成长为对社会更有贡献和价值的人,提高资源配置的效率,降低人才培养的损失,对于顶尖大学而言,也许是更为重要的使命。

在一个封闭的低水平教育环境中,人才选拔的效率问题并不彰显。尤其是在考生基数极其庞大、优质教育资源极度稀缺的条件下,通过高考成绩集中统一录取,不失为一种相对低成本、高效率的选拔方式。但是,在一个开放的正在迈向高水平的教育环境中,人才选拔的效率问题就凸显出来了。一方面,如果更有天赋的学生无法在激烈的考试竞争中胜出,或者不愿意接受高考前的大规模重复性训练,他(她)们就会选择去国外一流大学接受本科教育。对中国顶尖大学而言,这意味着优质生源的流失。另一方面,过度的应试训练扼杀了学生的好奇心、创造力和创新精神,使他(她)们既难以适应在大学的学习生活，也加大了大学培养创新型人才的难度。人才选拔的低效率必然会通过这样那样的方式最终反映为人才培养的低效率。

提高人才选拔效率的关键在于考试招生制度改革，也就是改变以高考分数为唯一录取依据的传统模式，允许大学按照自身办学特色和人才培养需求，通过对学生的综合评价和整体判断决定是否录取。这一点源于大学教育的多样化属性。每一所大学都有自己的特殊使命，这意味着它们对于学生的需求是不同的。由于历史传统、校园文化和办学模式的差异，学生进入大学后所接受的教育也会千差万别。这就产生了大学教育的多样性，也使大学培养出来的人能够满足社会的各种需求。与此同时，对于同一所大学而言，不同系科之间、不同文化之间以及来自不同国家和地域的学生也是不同的，这就产生了学生来源的多样性，这使学生在大学里能够接触不同的思想、不同的文化和不同的人群，从而得到全方位的培养。正如哈佛大学前校长科尼利厄斯·康威·费尔顿（Cornelius Conway Felton，1860—1862 出任哈佛大学校长）所言，把来自各地、各国的学生都召集到剑桥，"他们从这个世界获得的歧视与偏见，一定可以通过在共同学习生活中营造出来的友好关系被有效地消除"。从这个意义上说，大学的人才选拔不应当是单一的，而应当是整体的、多元的和综合的。

2014 年 9 月，国务院颁布了《关于深化考试招生制度改革的实施意见》，明确提出"探索基于统一高考和高中学业水平考试成绩、参考综合素质评价的多元录取机制"。如何建立大学招生综合素质评价体系？特别是，如何根据每所大学的办学特色和定位，选拔适合自己培养的学生，而不仅仅只是通过高考分数来录取学生，并进而通过考试招生制度的变革，对基础教育和高等教育产生积极的而不是消极的作用？这是摆在中国大学招生机构乃至教育界面前的重要课题。解决了这个问题，对于促进基础教育发展，提高高等教育质量，推动创新型国家建设，都将产生重要而深远的影响。

秦春华博士曾担任北京大学招生办公室主任，现任北京大学考试研究院院长。在担任招办主任期间，他对人才选拔问题产生了浓厚兴趣；卸任之后，又去美国一流大学访学交流，认真研究美国顶尖大学的招生录取模式，并结合中国的具体实际，撰写了一系列理论文章，提出了一些富有启发性的观点。欣闻他要将这些文章结集出版，我乐意为之作序，也希望他和北京大学考试研究院的其他学者能够继续努力，为构建具有中国特色的人才选拔体系，推动中国考试招生制度改革做出新的更大的贡献。

是为序。

北京大学校长　林建华

2016年5月10日

目　　录

第一部分　中美教育比较

中美本科教育之差异 / 3

中美教育观的差异 / 9

为什么美国顶尖大学的学生很少偷懒？ / 14

何谓好大学？ / 20

做你不会做的事 / 25

美国顶尖大学如何保证本科教育质量 / 30

美国大学没有围墙？ / 35

什么是有效的教育？ / 40

教育国际化的真正含义 / 45

人同此情，情同此理
　　——中美教育没有本质差别 / 51

美国大学招生为何实行综合素质评价？ / 57

美国大学招生如何进行综合素质评价？ / 63

第二部分　大学与教育

本科教育的核心 / 71

重新认识研究型大学 / 76

建设世界一流大学的三个阶段 / 82

从"马航失联"看中国的新闻学教育 / 88

何谓素质教育？ / 94

优秀的定义包含坚持 / 99

我们应该怎样重视语文教育？ / 105

第三部分　高考制度改革

为教育而考试还是为考试而教育？　/ 113

无法设计的人生　/ 118

改革是为了更好地出发　/ 123

高考改革方案的信息发布要统一权威　/ 128

改革，究竟改了什么？
　　——解读《国务院关于深化考试招生制度改革的实施意见》　/ 132

《实施意见》的教育公平价值取向　/ 136

我对浙江高考改革试点方案的忧虑　/ 139

招生标准不宜量化　/ 145

第四部分　自主招生改革

推荐的责任　/ 153

自主选拔录取是高考制度改革的过渡　/ 158

中国大学先修课程的定位　/ 163

"中国大学先修课程"的发展道路　/ 168

AP 课程在美国大学招生中的作用　/ 173

第五部分　访谈

"中国大学先修课程"的模式
　　——答《中国科学报》记者的提问　/ 181

"知分＋平行"是最坏的高考志愿填报方式
　　——答《光明日报》记者的提问　/ 186

新高考方案对高校招生的影响
　　——答《21世纪经济报道》记者的提问　/ 193

附录

为什么选择北大？　/ 199

后记　/ 206

致谢　/ 210

第一部分　中美教育比较

中美本科教育之差异[①]

多年来,我们对本科教育口头重视多,实际行动少。由于过度强调科研等显示性数据指标、对研究型大学定位上的误解,以及大规模扩招等一系列因素,本科教育特别是本科生教学在中国高等教育体系中处于相对弱势甚至边缘化的地位。然而,世界一流大学无不对本科教育教学工作极为重视。这些大学普遍拥有强大的科研实力和研究生院,但最让他们感到自豪和最终确立他们地位的关键因素,依然是其难以逾越的本科教育质量。时至今日,他们仍然在不懈地探索如何进一步提高本科教学质量,以适应快速变化的世界和未来。现在,国内顶尖大学也逐渐意识到这一问题的重要性和紧迫性,开始迈出可喜的实质性步伐。先是北京大学开设了"小班教学"课程,后有浙江大学千万元重奖从事本科教学工作的一线教师,等等。但和美国顶尖大学相比,我们在本科教育领域的工作才刚刚起步,还有相当漫长的路要走。

中美本科教育的第一个差异是价值观教育。最主要的不同在于,美国大学是在本科学院的通识教育(General Education)核心课程中潜移默化地全方位实现美国的价值观教育,中国大学是在独立成体系的思想政治教育课程中进行专门化的价值观教育。美国教授在授课时并没有对学生强调哪些是价值观而哪些不是,但学生在完成本科学院的通识教育课程之后,基本上能够确立

[①] 本文删节版发表于《中国青年报》2014年5月12日第6版,题目为《中美本科教育之差异》。《新华每日电讯》2014年5月16日第10版转载,题目为《中美本科教育的差异》。《教育》2014年第23期转载,题目为《中美本科教育差异》。

起美国的价值观体系,并且终身难以改变。中国教授把价值观编成教材,辟出专门的课堂和时间进行授课,但学生在考完试以后,很容易就将背诵的内容忘得一干二净;在日常学习和生活中,该怎么干还是怎么干。因此,虽然中国大学在学生价值观教育方面投入巨大——不仅安排了专门的必修课程和学分,配备了专门的教师,甚至成立了专门的学院组织教学,使价值观进了教材,进了课堂,但不一定真的进了学生头脑。当然,也有真的进了学生头脑的——学习的过程很难在他们心中留下"痕迹"。其源头恐怕还要追溯到苏联计划经济体制下的高等教育模式所形成的专业课和思想政治课"两张皮"的影响。

洛克菲勒礼堂

1948年，芝加哥大学在本科通识教育核心课程中开设了一门课——西方文明史。学生必须通过阅读三卷本的教科书和九卷本的原始材料（这些书直到今天还在重印），积极主动地参与课堂讨论以及高质量地完成论文写作等方式认真学习研究，否则无法通过难度很高的考试。因此，当他们顺利完成这门课程的学习以后，西方文明的发展历程以及贯穿其中的价值观在头脑中留下了深深的烙印。他们不仅懂得了这些价值观是什么，而且明白它们是从哪里来的，这些价值观在过去产生了何种影响。当然，在学生即将面对的未来中，这些价值观也会产生类似的影响。另外一门于同年开设的核心课程是"美国政策的形成"。本科学院院长 F. 钱皮恩·沃德认为："在这些在一起'学习'和'思考'的讨论过程中，最后学生们不仅要'知道'那些他们必须知道的事实，而且，他们还要学会自己去分析问题和形成自己的判断。课程要引导学生去相信或是怀疑。教师不仅要让学生懂得美国政策的过去，而且要让他们形成公开讨论的习惯，形成独立的判断，能够领导美国未来的政策。"

相比之下，在中国大学的本科课程中，教师普遍重视知识讲授，往往忽视教学过程本身所蕴含的价值观因素。中国传统师道中的"传道、授业、解惑"三要素中只剩下了"授业"一项，而丢掉了最重要的"传道"和"解惑"。学生只关注老师讲了什么，考试会考什么。至于这一事实是怎样形成的，它的原理是什么，前人的分析过程是什么，你自己的独立判断是什么，等等，教师和学生均不关心。和价值观教育相比，他们更关心那些具体可见的技术上的进步。原本重合在一起的"读书"和"做人"的双重职能被分离了。还有的教师认为，价值观教育是思想政治教育工作者和"第二课堂"的事，"第一课堂"当然应该把注意力全部集中到专业知识的学习上。我认为，这种观点值得商榷。它完全割裂了教育的统一性和完整性，把教育简单地等同于上课，把上课简单地等同于讲授知识，却恰恰忘记了这样一个常识：缺失了价值观教育，一切专业知识都将变得毫无意义，甚至走向其反面——专业技能越高，对社会的危害越大。这样的例子不胜枚举。专业知识好比是0，价值观就是它前面的1。只有有了1，后面的0才有价值和意义。

中美本科教育的第二个差异是重视方式。笼统地说中国大学不重视本科教育是不公正的,许多大学在本科教学改革中做了大量高质量的工作。然而,和美国顶尖大学相比,我们重视本科教育教学的方式比较单一。一是强调教授,特别是院士和大牌教授,给本科生尤其是一年级本科生上课。这几乎成为各大学展示自己重视本科教学的最重要的例证之一。应当说,这是一个了不起的进步——多年来,教授们都太忙了,以至于没有时间去给本科生上课。但这个"进步"却又显得何其荒唐!既然被称为教授,教学自是其工作职责的应有之义;如果不上课,还有必要称之为教授吗?另外,教授上课只是一个外在的形式,关键在于如何上课,上课的效果如何。如果教授仍然以传统的演讲的方式上课,那也只不过是把"百家讲坛"搬到了课堂里而已。学生除了在现场欣赏到教授的表演之外,并不能获得多少智识上的真正进步。二是给上课的教师发放授课津贴。先不说这种方式在逻辑上的荒谬——教师的工资就是其上课的回报,为什么还要另外发放一份上课津贴呢?那工资本身又算是什么呢?单就其效果而言,这种物质刺激的局限性很大。目前高校在经费管理上的僵化,导致事实上很难给教师发放高额讲课费。因此,与校外演讲以及给各种各样的继续教育培训班上课的高收入相比,微薄的授课津贴几乎可以被忽略不计。它事实上起不到激励的作用。三是在职称晋升时向上课教师倾斜。这一点说起来容易,做起来很难。难点在于和科研成果的"硬"显现度相比,上课记录几乎没有作为标准的价值——它太"软"了。在高校教师职称晋升压力巨大的情况下,操作难度极大。

相比之下,美国顶尖大学虽然也经历了科研和教学、研究生和本科生的关系等一系列问题的激烈争论,但一旦确立了本科生教学的核心地位,就再也没有动摇过。比如,芝加哥大学是世界上最顶尖的研究型大学之一——它拥有80多位诺贝尔奖得主,但教学是它的核心使命。教师如果不上课就没有地位,如果课上得不好也没有地位。那些最受学生欢迎的教师往往在学校重大事务中拥有更大的影响力和权力。在一所教授治校的大学里,这种影响力的价值巨大。再比如,芝加哥哥伦比亚学院——全美最顶尖的艺术院校之一,没有将学校搬迁到市政府免费提供的风景优美的郊区而宁愿待在拥挤的市中心,是因为艺术院校的学生必须要接触真实的艺术世界,他们要通过逛街,随时了解当下的流行趋势和时尚元素,激发出创作灵感。郊区风景虽美,环境幽静,也许适合其他大学,但不符合芝加哥哥伦比亚学院的教育教学要求。还比如,加州大学各分校推出的任何一项政策,都必须由专业团队评估其对本科生教育的影响——这是一项法律规定。甚至关于是否要给教授提薪这样看起来和本科生教育风马牛不相及的政策,也要进行评估后才能做出决定。因为给教授提薪有可能会影响学费标准,进而影响本科生的申请、构成以及他们的财务状况。

芝加哥哥伦比亚学院

中美本科教育的第三个差异是对本科招生的重视程度和对培养质量的监控。美国所有的顶尖大学,无不对本科招生工作高度重视,投入了巨大的人力、物力和财力,即使公立大学也不例外。一般来说,大学里专门从事招生的工作人员有40—50人,少的也有20多人。这并不包括那些对招生感兴趣而做义工的教授。斯坦福大学本科招生办公室年度预算为400万美元,工作量巨大,但效率很高。他们根据斯坦福大学的核心价值观和人才培养需求,研究制定了非常完善的招生制度,千方百计提高生源质量。招生办公室每年要处理来自全球的3.6万多份申请材料,每一份申请都经过严格审读,确保最终获得通过的学生是最适合斯坦福大学培养的学生。此外,美国顶尖大学对本科人才培养质量的监控非常严格。比如,加州大学校长办公室里专门设置了一个机构——院校研究处,负责对本科生培养质量进行调研和分析;再比如,芝加哥大学在20世纪30年代建立了著名的"综合考试"制度,学生不仅要在入学时参加这一考试,通过后才能入学,而且在毕业前还要参加这一考试,通过后才能获得学士学位。当然,最为人熟知的是美国顶尖大学在本科培养过程中的高淘汰率。著名的加州理工学院的淘汰率居然达到了30%。

相比之下,中国大学对本科招生工作的重视程度远远不够。因为大一统的高考招生制度只能依赖单一的高考成绩录取,中国大学已经逐步蜕化甚至丧失了识别人才的基本能力。各大学的本科招生部门规模很小,一般只有两三个人,有时还要承担就业指导工作。院系和教授对本科招生既没有积极性,参与程度也很低。此外,中国大学普遍对本科培养质量没有监控。由于高考压力巨大,加之没有灵活的转学制度,学生一旦入学就必须让他(她)尽可能顺利毕业,否则,退学的刚性成本太高,学生和家长会对学校形成巨大的压力。在当前人们普遍畏惧出现极端情况的社会心理下,学校和教师都没有足够的动力对学生提出严格要求。因此,中国大学的本科培养事实上处于放任状态。这一点可能是当前本科毕业生不能满足社会需要的重要原因,同时也是中国大学本科教育面临的最严峻的挑战之一。

正如芝加哥大学本科学院院长John W. Boyer所说:"对于本科人才培养来说,没有一条轻松便宜的道路。"真正高质量的本科教育是极为困难的,需要巨大的资源投入。这是更为根本性的制约。最近十多年来,北京大学、复旦大学、浙江大学等高校在本科通识教育,特别是在本科生院(北大是元培学院)的建设上进行了积极而卓有成效的探索。然而,皮毛和外表是容易学的,照猫画虎也许能做出一个玩具,但里面那些看不见的真东西却只能依靠自己一点一点来摸索和研究,有就是有,没有就是没有,来不得半点虚假,也没有任何捷径可走。在本科教育领域,要想在短期内实现跨越式发展,真的很难很难。

2014年2月3日初稿于Stanford University
2014年3月15日定稿于Oak Creek Apartment

中美教育观的差异[①]

最近,在美国见到了不少老朋友,都是这两年陆续搬过来的,目的是为了孩子上学。对于一个家庭来说,这样做的成本很高。一方面是家庭支出剧增,另一方面是夫妻处于事实上的两地分居状态。但几乎所有人都认为值得,原因是孩子比以前健康开心了。我理解他们的心态。这些孩子如果在国内读书的话,可能连考上211大学的可能性都不大,虽然他(她)们父母的成就很高。但同时我也感到一阵悲哀。这说明我们的教育没有充分满足人们的不同需求,至少没有满足这部分人的需求。

于是我对一个现象产生了浓厚的兴趣:为什么同样一个孩子,在中国和美国上学的结果是如此不同甚至截然相反呢?经过认真考察,我发现,主要是由于历史传统、文化背景和社会制度等各方面的不同,中美两国在教育观上存在着巨大的差异。这种差异或许可以解释我提出的问题。

从教育者的角度来看,两国的教育目的不同。美国人教育的目的是为了把学生培养成为合格的或优秀的社会公民,是一种公民教育。所有的公立学校——它们接受州政府的财政支持——的目标都是为了提高本州人民的文明素质。因此,美国各级学校在教育的过程中,非常重视如何减少学生的反社会行为。即使一个学生可能存在一定程度的反社会倾向,也会及早发现和干预。

[①] 本文删节版发表于《中国青年报》2014年4月14日第12版,题目为《为什么有的中国孩子到国外会变了一个人》。《乡镇企业导报》2014年第8期同题转载。《意林》2014年第11期(总第240期)转载,题目为《中国孩子美国"变形记"》。《辽宁教育》2014年第11期转载,题目为《为什么中国孩子到国外会变了一个人》。

私立学校的目标是培养未来的领袖,当然更加重视对学生的公民教育。

第一是非常强调沟通。老师经常鼓励学生把自己的想法真实准确公开地表达出来,而不是憋在心里不说。因此,大多数美国学生比较直接和阳光。喜欢谁,不喜欢谁,对一件事情的态度和自己的意见是什么,从小就会直截了当地表达出来。另外,学校会通过各种聚会、活动和组织提供平台,创造学生和其他人沟通交流的机会。老师也会通过各种途径训练学生如何准确地表达自己,如何正确地理解他人。第二是允许学生犯错。美国人认为,任何人都会犯错,即使圣人也会如此。《圣经》中的一则故事在美国文化中的影响极大:人们要把一个妓女用石头砸死,但耶稣说,"你们中间谁是从来没有犯过错的,谁就可以先拿石头打她。"于是所有的人都默默离开了。耶稣对妓女说:"你走吧,我定不了你的罪,没有人可以定你的罪。因为没有人从未犯过错误。"在美国人看来,重要的不是不要犯错,而是对待错误的态度,要勇敢地承认错误,对错误造成的后果承担责任,对因为自己的错误而受到伤害的人真诚地道歉——道歉是美国文化中非常重要的方面。做到了这些,一个人即使犯了再大的错误,自己也会坦然面对,至少不会心里不安。当然,还是要尽可能避免犯错误。面对人们犯错之后的精神压力,美国社会提供了两项重要机制予以帮助:一项是宗教忏悔。一个人有了罪恶的想法,做了错事,可以去对神父说。神父会替他(她)保密。如果只有想法,尚未付诸行动,神父还会进行劝阻。从心理学上说,一个人把自己的秘密说出来后,往往会如释重负。这将在很大程度上降低因为焦虑等原因而可能导致的反社会行为。另一项机制是心理治疗。美国人认为,许多事情自己是无能为力的,特别是来自精神方面的压力,必须寻求专业人士的帮助。他(她)们的口头禅是:"你需要帮助。"第三,尽最大可能发现每一个学生的特点和优势,为他(她)提供富有针对性的教育,不断提升他(她)的自信心。一个朋友的孩子从小学习成绩不好,甚至没有让人觉得好的地方。因为体型太胖,他的脾气也变得极为暴躁,和所有人都无法相处。特别是刚到美国的时候,因为语言不通,情况更加严重。就在家长和孩子都快要绝望的时候,一天,学校的音乐老师找到孩子,对他说,我感觉你的音域可能很宽,音色也很好,你来跟我学歌剧怎么样?慢慢地,孩子喜欢上了歌剧,因为他发现,在唱歌的时候他可以用他自己的方式感受世界。特别是当夜幕降临他站在舞台中心引吭高歌时,他可以把他所有的不快、无与伦比的愤怒、无法抵挡的感伤和无穷无尽的热情淋漓尽致地发泄出来,而且越是这样,观众的掌声越热烈。(其实,在美国学校的舞台上,你表演得不好,观众的掌声也会很热烈。当你真的很棒时,他们的掌声会更热烈。)更重要的是,唱歌剧的过程让他找到了自信。他想,歌剧我都能唱好,其他的事情为什么就做不好呢?结果先是英语很快变好,接着其他文化课的成绩也随之上升了。当他有一天对爸爸说自己的理想是去纽约的茱莉亚音乐学院(The Juilliard School)上大学时,我的朋友简直惊呆了,那可是全世界最顶尖的专业音乐院校啊!他从来没有奢望过自己的孩子能够取得这样的成就。其实,像这样一个在国内学校看起来一无是处,到了国外却仿佛变了一个人的孩子大有人在。实际上,这就是教育的价值和魅力所在:它使绝望的人变得拥有希望,使人的生活变得更加美好。

相比较而言,中国人教育的目的是培养社会主义事业的合格建设者和可靠接班人。因此,在教育过程中,我们非常重视对学生政治意识的塑造和对其专业技术的训练。前者可以保证学生未来对党的事业的忠诚,后者可以保证学生未来满足工业化建设的各种专业人才需求。形象的说法是"又红又专"。这种根源于苏联计划经济体制下的教育思想直到今天仍然具有深远的影响。在大学的教育实践中,"红"的职能主要由思想政治教育系统完成,"专"的职能由细分的专业化教育完成。在基础教育阶段,老师非常重视基础知识的讲授和针对考试而进行的各种技巧训练,等等。为了保证教学秩序和便于管理,老师更喜欢听话的孩子,很少鼓励学生大胆地表达自己的想法。因此,许多学生到了大学课堂上,还不敢公开表达自己的观点,甚至还会害羞脸红。这就是为什么和同年龄的美国学生比起来,中国学生的基础知识极为扎实,但很少能够提出自己的独立见解,并且往往显得老气横秋,缺少孩子应有的活泼和自信的重要原因。

从受教育者的角度来看,两国国民的受教育目的也不同。许多美国人受教育的目的是为了找到自己喜欢的事情,发现自我,使自己最终成为应该成为的那个人。他(她)们相信,每个人来到世间都被赋予了特殊使命,都有自己存在的价值。生活和教育的意义就是找到这些价值,然后实现它。因此,在接受教育的过程中,他(她)们非常重视自我的感受;自己和自己比较,看今天是不是比昨天有了更多的进步。老师也鼓励学生这样做。一个朋友的女儿在学校里做的几乎每一件事,都会受到表扬,以至于孩子自己都感到不好意思,经常困惑地问爸爸:"我真的有那么棒吗?"而在国内,她从来没有受到过老师的表扬,因为学习成绩不好。但美国人的确是这样认为的,只要你做得比上一次好,就是"Good Job!"(好样的!)他们并不虚伪。在美国学校,特别是在幼儿园和小学,学校从来不会让学生和家长有任何机会去做相互间的比较,每一个孩子都是个人意义上最棒的一个。这是美国学生甚至美国人普遍具有强烈的自信心的重要原因。

相比较而言,中国人接受教育的目的是为了改变自己和家族的命运,出人头地,比别人强,向更高的地位攀登。家长对子女的要求是这样,学生对自我的期许也是这样。而且越是出身贫寒的家庭,这样的愿望就更为强烈。因此,在接受教育的过程中,我们很少看重自己的感受,而是很重视别人看自己的感受,自己和自己比没什么了不起,一定要比别人强才行。家里再穷,只要孩子的学习成绩比隔壁老王——可能有钱,也可能没钱;有钱的话,感觉更强烈——家的孩子好,心里就充满了幸福感,生活就有了奔头。反过来,家里再有钱有权,只要孩子的学习成绩差,在别人面前就抬不起头来,至多会阿Q式地自我安慰:我的孩子不需要那么好的成绩也照样能生活得很好。即使孩子再没有兴趣,也一定要让他(她)上几个钢琴、舞蹈、美术和跆拳道班,等等。这样在和闺蜜八卦时,才能得意扬扬地炫耀自己的孩子有多优秀,教育有多成功。学生要成为班里、学校乃至市里、省里的第一,成为第二就是不可容忍的失败。幼儿园要上最好的,小学要上最好的,中学要上最好的,大学要考北大、清华,进了北大、清华之后还要进哈佛,中国的家庭就是在为了实现这样一个又一个目标而奋斗的过程中完成了对子女的教育。参加工作以后,目标就变成了科长、处长、局长(或者是部门经理、副总经理、总经理),等等。翻开中国人的简历,你可以看到其人生的轨迹就是由这样一个又一个职务台阶组成,却很少看到一个人在一个阶段的一个岗位上取得了什么成绩,为社会做出了哪些贡献,自己获得了怎样的发展和进步,等等。

这种竞争性的文化,在一个人受教育的过程中产生了很深的影响和烙印。看到别人比自己强就不舒服,哪怕是好朋友之间也会产生嫉妒。同学聚会就是富贵攀比大会,混得不好都不好意思参加。社会变成了成功者的盛宴,教育也不例外。人们只关注最好的学校、最好的教师、成绩最高的学生,却很少想到,那些所谓"不好"的学校、"不好"的教师、成绩不高的学生,就没有存在的价值和意义了吗?实际上,在一个社会中,成功者永远只是少数,那些看起来并不成功的人才是"沉默的大多数"。一旦社会被分化为两大群体——成功者和不成功者,如果不能通过有效的教育和社会机制消解那些看起来不成功者在心理上的失衡,他(她)们就可能使用任何极端手段向他(她)们认为是成功者的人痛下杀手。这正是复旦投毒案、清华朱令案等一系列校园恶性案件告诉我们的惨痛教训。

其实,中美之间在教育观上存在上述差异并不奇怪。美国是世界上资源最丰富的国家,人口数量不大,因此在教育问题上就会比较从容。中国的资源,特别是各类优质资源有限,再加上人口数量实在过于庞大,必然在教育问题上比较紧张,也更加强调竞争性。因此,许多看起来在美国实行效果良好的教育制度,在中国却根本实现不了。问题的关键在于供给和需求之间的超额需求太大,我们投入不起。

从这个角度看,也许仅仅改革高考招生制度还是远远不够的,我们需要让我们的教育变得更加多样化,更富有弹性和适应性,能够尽可能地满足各类不同人群(而不是只有成功者)对于教育的需求。这样也许我们就可以不用再漂洋过海,把孩子送到异国他乡接受教育了。

2014年3月3日初稿于Stanford University
2014年3月20日定稿于Stanford University

为什么美国顶尖大学的学生很少偷懒？[①]

我在芝加哥大学经济系有一个小朋友迈克，他今年刚上大学一年级。芝大经济系诺贝尔奖得主云集，是闻名全球的"芝加哥学派"的发祥地。在他的帮助下，我像一个大一新生一样背起书包，走进他们的 Liberal Arts 课堂听课。芝大的 General Education 在全美独树一帜，素以苛刻的标准和繁重的学业压力而著称，但也正因为此才保证了芝大本科人才培养的过硬质量。这一切大概要归功于哈钦斯校长在 20 世纪 30 年代启动的本科教学改革。在那次堪称革命性的变革中，芝大建立了至今仍然具有重要影响的 General Education 课程体系和小班教学模式。

我选了一门希腊思想史的讨论课。本来我还想多选一些，但迈克建议我最好只选一门，从头到尾听下来。我听了很不服气。想当年，我在北大读书时

[①] 本文删节版发表于《光明日报》2014 年 6 月 24 日第 13 版（高等教育版），题目为《不偷懒的美国大学生给我们的启发》。这是《光明日报》（教育周刊）的"漫谈教育"专栏的第一篇文章。编辑在"开栏的话"中写道："经过酝酿，'漫谈教育'专栏终于要与读者见面了。这个结果，既有教育周刊编辑部的'群策'，更有热心为教育而写作的专家名家大家们的'群力'——一段时间以来，他们不断写来优质耐读的文章，促使我们下定决心为他们开辟专栏，成系列地刊发他们的作品。我们相信，我们提供的更广阔的平台，还有'漫谈'这一无拘无束的写作形式，会让作者的思想驰骋，而这样的有感而发，因时而作，无疑对我们今天的教育格外有意义。我们也希望，他们的漫谈能给读者带来思考，对教育有新的理解，进而改变我们的教育与生活。为'漫谈教育'专栏进行系列写作的第一位作者是秦春华，他现任北京大学考试研究院院长，经济学博士，研究员。他在担任北京大学招生办公室主任期间，进行了以'北京大学中学校长实名推荐制'为代表的自主选拔录取改革，自此醉心于人才选拔和培养事业。他熟悉招生业务，喜欢理论思考，往往从生活中的小现象出发，捕捉到教育领域一些凝重而深刻的命题，撰写了一系列分析文章，此前已有多篇在本报刊发，受到读者的喜爱。秦春华的写作有一个原始的动力——'为我 3 岁的女儿不会面对现在这样的教育'，这种以'可怜天下父母心'的情怀对教育的思考，格外打动人心。"《意林》2016 年第 11 期同题转载。

一学期至少要选十门课。现在虽然年纪大了点,芝大的课程难一点,但也不至于差距这么大。迈克很直率地告诉我,他一学期只选了五门课,已经快要崩溃了。我将信将疑。

果不其然,这门课的难度极大。学生平均两到三个星期要读完一本像柏拉图的《理想国》这样的著作(芝大 Liberal Arts 课程从不讲尚在世的人的思想)。一学期下来大约要读四本原著,还不包括补充阅读材料。课堂上,一般会有一个学生先做一个 15 分钟左右的报告,然后大家开始讨论。一节课 90 分钟,老师只讲大约 50 分钟,而且老师讲课并非一个人的表演,会提很多问题,学生可以随时插话提问,参与讨论。课后还有大量的作业。学生在课后必须要读原著,否则既不能完成作业,也无法参与课程讨论,而这些会统统计入学生的最终成绩。更为要命的是,上这样的课,从一开始就必须非常努力,也不能逃课,否则,一步赶不上,步步赶不上。有一次我因为要参加一个会议,落了一节课,结果后面立即陷入听不懂的状态。

上完课后,迈克带我到食堂去吃饭。他几乎是连跑带颠地取完东西(顺带帮我也取了午餐),坐下之后就从书包里拿出书和笔,一边吃一边在书上写写画画。说是吃饭,他基本上是在看书,饭其实是在五分钟之内吃完的。我问他怎么会这么紧张。他告诉我下午化学实验课的内容还没有完成,而如果完不成的话,课就没法上了。这使我大为惊奇。迈克的专业是经济学,选数学课还可以理解,但和化学简直是风马牛不相及啊。

匆匆吃完饭后,迈克对我说,下个星期他会非常忙,因为要开始期中考试了。我听明白了他的意思——他不一定有时间和我见面。我马上说,没关系,你先忙,我们可以两个星期后再见面。迈克面露难色地说,恐怕也不行。这些期中考试会一直持续到学期结束,也就是说,是和期末考试连在一起了。

那一瞬间,我忽然明白了为什么迈克以及其他芝大的学生那么忙,以至于几乎连吃饭的时间也没有。但不要以为这些学生只是在读书。迈克每个周日要到城里去上班,平时还要参加和欣赏各种各样的音乐会。

相比而言,国内本科学生的单位课程压力要小很多。北大学生算是辛苦的了,但对于一些特别聪明的理科生和大部分文科生来说,日子要轻松得多——他(她)们可以偷懒。我上大学的时候也很辛苦,每天只睡四五个小时,但我的大部分时间是用在读自己喜欢的书和社会活动上,真正用在课业上的时间并不多。即便如此,我的成绩也还不错。原因很简单,每次期末考试之前,我就把班里笔记记得最好的同学的笔记借来抄一遍,往往得分比他还要高。他的笔记好到什么程度呢——他可以把老师讲的每一句话都记下来,包括老师讲的笑话,然后在笔记本上注明(笑声)。很久之后我才明白,这种在没钱复印的时候只能抄笔记的办法,实际上帮助我加深了对老师授课内容的理解;而那位笔记记得特别好的同学,也许因为记笔记时过于专心致志,反而忽略了老师讲课内容的实质。因此,我特别怀念那些既没有钱技术也不发达的日子,并且在我也成为一名教员之后,还以自己的亲身经历反复告诫学生们千万不要去认真地记笔记。后来有了钱,复印价格也大幅下降了,再也没有辛辛苦苦地抄过笔记,考试成绩反而没那么好了。

芝加哥大学

这种"临时抱佛脚"的偷懒在芝大几乎不可能发生。而且,和国内本科教育恰好相反,越是人文社会科学的课程,单位课业负担反而越重。因此,芝大学生在选课时非常谨慎,一定会根据自己的实际情况量力而行,绝对不会出现借人文社会科学课程来凑学分的情形;而这种情况在国内大学实在是太普遍了,越是文科学生越好混日子。

芝大学生很少偷懒的首要原因是选课制度。学校规定,学生选课是自由的。但在本科一二年级的 Liberal Arts 课程中,人文科学、社会科学和自然科学的课程都有相应的学分要求。最关键的是,在学生的选课目录中,小班讨论课必须达到一定比例。如果说,上大课时学生还有可能偷懒的话,那么,在十来个人的小班讨论课上就无论如何偷不了懒。如果学生不读书,不完成课后作业,不要说听不懂老师在讲什么,就连讨论都插不上嘴。而且学生必须从一开始就非常努力,否则,会给后面带来无穷无尽的麻烦。就好像欠了高利贷,一旦还不上,利滚利就会越滚越多,最后想补救都来不及。每一门课程的成绩都包括了平时成绩、期中考试和期末考试。因此,只靠期末考试前背背笔记就蒙混过关的情况是绝对不可能发生的。

芝加哥大学的小班教学

目前,国内许多大学也实行了自由选课制度,对人文科学、社会科学和自然科学的课程也提出了学分要求,但仅具其形。如果没有小班讨论课和讨论课学分比例限制作为支持的话,自由选课制度甚至可能降低本科教育质量。原因在于,自由选课制类似于自由市场制度。在一个课程市场中,课程的受欢迎程度有可能成为评判课程质量的标准。因此，教师上大课的动力要大于上小班课的动力——小班课更累，而且难以体现出教师的受欢迎程度。学生出于畏难情绪和追求高分的心理，有可能倾向于选修那些容易通过或老师给分比较高的课程。因此，从表面上看，学生可能选修了很多门课，甚至选修了双学位，但实际上这些课程的单位课业负担并不大，对学生的智慧和思维并没有提出强有力的挑战，很难保证教育教学质量。这就是学生们自己形容的所谓"水"课和"水"系。

迈克告诉我，芝大学生很少偷懒的根本原因在于，上芝大的费用太高，每年的学费和生活费接近6万美元。因此，在芝大学习的每一天，上的每一堂课，都可以相应地折算成学费。他必须要在芝大学习尽可能多的东西，否则对不起爸爸妈妈付出的高昂成本。换句话说，当每一个学生付出的学费同样多时，在成本既定的情况下，谁学到的东西越多，就意味着谁获得的超额利润越高。因此，每个学生都铆足了劲儿拼命地学习。那些依靠奖学金读书的学生更是如此。一方面，奖学金是按照年度发放的。学生如果不努力，成绩不好，很可能意味着下一年度会失去奖学金。另一方面，那些本来上不起芝大的学生因为获得奖学金而更加珍惜学习机会，并且希望毕业之后能够取得成就反馈母校曾经的帮助。从心理学上说，这种内生性的激励效果最为显著。

我原来以为，美国顶尖大学学生很少偷懒是因为他们实行"宽进严出"制度，淘汰率高，在过程中迫使学生不敢偷懒。这可能是一个误读。实际上，对于美国最顶尖的大学来说，入学竞争极为激烈，条件一点也不"宽"——入门条件"宽"的多数是公立大学和社区大学；除了像加州理工学院等少数大学外，许多大学的淘汰率并不算很高。芝大也是如此。尽管学校非常重视学生的培养质量，但通常情况下，也不会太难为学生。只不过，对学生而言，如果成绩单上都是C的话，不要说自己看着不好意思，在就业时也会丧失竞争力——就业机构并不会仅仅因为你是芝大毕业生就会雇佣你。在竞争激烈的人才市场上，如果你不能获得一个具有理想收入的职位，那就意味着你为上大学所付出的巨额投资将付之东流。这显然是学生和家庭都不能接受的。

相比而言，中国大学（即使是最顶尖的北大、清华）的学费很低，一年只有

5000元人民币，还不到1000美元。除了一些家庭经济困难学生（国家和学校往往对这部分学生有减免学费的政策）之外，许多学生并不觉得上大学的成本有多高，或者说，他（她）们对于上大学的成本的直观感受并不强烈。因此，多学一点和少学一点对他（她）们而言是无差异的。另外，由于高考之前的重复性训练的确过于艰苦，学生进入大学之后难免会产生一些混混日子的想法。此外，由于大学课程和社会需求脱节，用人机构不能从课程成绩单中观测到学生的实际能力，只能通过替代性的指标（比如学校名气、社会活动，甚至是父母身份）做出录用与否的决定，反过来也影响到学生对课程学习的重视。因此，和美国学生上大学以后异常辛苦（而且越是人文学科学生越辛苦）的现象恰好相反，中国学生上大学以后相对要轻松得多，而且越是人文学科学生越轻松，这在很大程度上降低了中国大学本科教育的质量。

美国顶尖大学学生很少偷懒这一现象，看起来简单，但实际上是和美国的私立大学制度、就业市场的多样性以及社会诚信等紧密联系在一起的，不可分割。美国教育是与其社会制度、经济制度和文化背景等一系列因素相适应相匹配的复杂系统，彼此之间相互影响、相互制约。忽略了这些隐藏在现象背后的制度性因素，而单纯倡导甚至移植某些具体措施和政策——比如所谓的"宽进严出"和AP课程，等等——是不可能收到理想效果的。

2014年4月23日初稿于Palo Alto
2014年5月2日定稿于Stanford University

何谓好大学?[①]

世界上有许多大学,但真正能够称得上好大学的并不多。在美国,对一所大学的最高评价,是说它是一所好大学。好在哪里呢?首先,学生愿意去。一所学校申请的学生越多,说明它在家长和学生心目中的地位越高。因此,许多大学把录取率(被录取学生占申请学生的比例)视为学校声誉的重要标准。其次,教授喜欢去。世界上的顶尖高手就那么多人,他(她)们到了哪所大学,就说明哪所大学的水平高。因此,每一所大学都使出浑身解数,千方百计吸引最优秀的教授加盟,同时,还要千方百计使自己的好教授不要被别人挖走。前一个还相对容易些,要做到后一点真的很难。不需要任何机构的评估和排名,这两条标准都在人们的心里。人们"用脚投票",选择他(她)们喜欢的好大学。

在芝加哥大学的时候,我见到了去年刚刚入学的小朋友迈克。我问他为什么要选择芝加哥大学,因为他同时拿到了哈佛等其他顶尖大学的入学通知书。他看了我一眼,似乎觉得我这个问题提得很奇怪。他想了想之后说,因为芝大是所好学校啊!这个答案显然不能令我满意——好学校多了去了,哈佛、

[①] 本文删节版发表于《光明日报》2014年7月1日第13版(高等教育版),题目为《何谓好大学》。公众微信号"京城教育圈"在编发时加了一段评论:"一所好大学到底好在哪儿?这的确是个好问题。尤其提问者的身份还比较特别——一位曾担任过北大招办主任的经济学博士、教育研究专家。北大清华应该是中国名气最大的大学,不过到底是否属于本文中所说的'好'大学,估计是见仁见智的事。按作者的理解,衡量好大学的标准包含两个层面:一是人的选择层面,学生和教授愿意去的大学当属好大学;二是教育自身的层面,好大学应具有'有灵魂''产生思想的''自由宽松'和'民主平等'等特点。这些特点依稀在历史上某个阶段在国内大学中闪耀过,但今天许多大学对此已经稍显陌生。正如作者的期待:'这也许正是中国大学应当为之努力的方向。'——德宏观教《青年博览》2015年第7期同题转载。

斯坦福不也都是好学校吗？于是我接着追问：你说芝大好在哪里？迈克说，这里的人都很有趣。不像有些学校的学生，看上去就像家具——表面上挺好看，但都是一个模子里刻出来的。他有一位去了斯坦福大学的同学，就是这样很无趣的"家具"。我又问他，你也拿到了哈佛大学的入学通知书，为什么最后没有选择哈佛？迈克说，哈佛课程的难度和挑战性没有芝大的强。

这是一个典型的美国学生的选择。和中国学生不同，他没有根据名气去选择大学——在许多大学排行榜中，哈佛大学和斯坦福大学的排名都要比芝加哥大学高。他也没有根据城市去进行选择——波士顿和旧金山位于东西海岸，地理位置要比中部的芝加哥好得多。他甚至没有根据专业排名去选择。实际上，中国学生选择大学时主要考虑的就是学校的名气、所在的城市和专业，目的是为了将来的就业。但迈克选择学校的原因是它很有趣。这的确是芝大的特点。这所大学的有趣甚至到了古怪的程度：它的入学申请要求就是无数怪诞不经的作文。从这个意义上说，迈克和芝大都选对了对方。

迈克的答案出乎我的意料。在我和大多数中国人的心目中，哈佛就是一所圣殿，只有它拒绝别人的份儿，怎么会有学生"傻"到不选择它？但在美国，学生并没有非哈佛不上的情结，许多人甚至不喜欢哈佛。这样的"傻"学生还真不少。一位住在波士顿的朋友的孩子，今年获得了耶鲁大学的优先录取通知书，最后很不情愿地在妈妈的逼迫下在报名截止的那一天申请了哈佛并被录取。他妈妈这样做的原因也不是和耶鲁相比哈佛更好或更有名气，只不过是因为哈佛离家近而已。

斯坦福大学同样是很多中国学生的梦想。2013年，申请斯坦福大学的学生人数达到了创纪录的38 828人，其中华裔学生的申请数量增长很快。在很多美国教授看来，这样一所位于加州的大学，气候条件这样舒适，办学经费如此雄厚，理应成为最顶尖的大学才是。但在他（她）们的心目中，斯坦福大学似乎还没有达到这一目标。原因在于，他（她）们认为，斯坦福的工科色彩过于浓厚，与工商业和大公司的距离太近，虽然培养出了数量众多的亿万富翁，但却因为急功近利而变成了一所"失去灵魂的大学"。在美国高等教育界，人们往往把麻省理工学院比作猫，而把斯坦福比作老虎——猫曾经是老虎的师傅，斯坦福本身就是按照麻省理工学院的模式创办的。今天,麻省理工学院的教师数量大约只有斯坦福的一半,办学基金只有斯坦福的三分之一,而且两校的专业高度重合。波士顿的夏天很热,冬天还有暴风雪,按理说,麻省理工学院的顶尖教授们还不都被斯坦福用重金和加州的阳光吸引过去?但事实上并没有,个中原因耐人寻味。

在美国,芝加哥大学是一所很特别的大学。它所在的城市芝加哥,治安状况是出了名的差。在一些街区,人们大白天出门时身上至少也要带上20美元,用来应付抢劫,而且还不能只放在一个兜里——20美元是购买毒品的最低金额,多放几个兜是为了防止二次被抢。当然,由于学校投入了巨大力量加强安保,芝大校园内还是很安全的。近年来,美国资源大量地集中在东西两个海岸,再加上传统制造业的衰落,地处美国中部的芝加哥在经济上的活力和竞争力日渐消退,也由此产生了大量的社会问题。但即便如此,芝加哥大学仍然被认为是美国最好的大学之一。2013年,申请它的学生数量是30 369人,录取率为8.81%。

一所好的大学一定是一所有灵魂的大学。有时候,卓越和有灵魂不一定是一回事。一所卓越的大学并不一定意味着它就是有灵魂的大学——在市场经济的驱动下,结论很可能恰好相反。曾在哈佛大学任教长达30多年的哈佛学院院长哈瑞·刘易斯写过一本发人深省的著作——《失去灵魂的卓越》,深刻分析了哈佛大学是如何在从一个教育机构蜕变成一个商业机构的过程中逐渐忘记自己的教育宗旨的。在我看来,刘易斯所谈的"灵魂",其实指的就是大学引领社会的思想。今天,当中国的大学越来越醉心于发表了多少多少篇SCI论文,获得了多少多少个奖项,引进了多少多少各种各样的计划中的人才时,却常常忘记了:在取得这些成就的同时,大学为人类社会,特别是为这个国家和民族贡献了多少有价值的思想?大学是否通过教师的教学活动改善和提高了学生的思想境界和价值观,并进而通过教师和学生的活动与言论引导或影响了社会的价值观?大学是否依然履行了作为大学之所以存在的教育责任?大学之所以为大学而非技能培训班,最根本的区别在于大学生产思想和有思想的人,这意味着大学必须要和社会保持一定的警惕性距离,必须要引领社会而不是被社会牵着鼻子走,更不应当盲目地迎合当下社会某些明显不理性的需求。当社会热的时候,大学反而应该冷一冷,甚至故意去浇两瓢凉水,哪怕因为暂时的冷而丧失了某些所谓的"时机"。对于以百年计龄的大学来说,时机永远都是存在的,区别只在于,当它来临的时候,大学是否已经做好了充足的准备。事实上,除了大学之外,没有任何机构能够承担起这样"冷眼旁观"的任务。因此,如果大学或主动或被动地放弃了自己的这一责任,社会就会因为失去思想上的源泉和动力而可能陷入停滞。

反之,一所有灵魂的大学一定是一所卓越的大学。芝加哥大学之所以被认为是好大学就是因为它生产思想,也生产有思想的人,是美国最重要的思想家的汇集地,拥有80多位诺贝尔奖得主,在它最辉煌的时代,堪称群星璀璨,形成了在各个学科中著名的"芝加哥学派"。近年来,由于年事已高,众多大师一个个离世——去年是罗纳德·科斯,今年是加里·贝克尔——这是芝加哥大学最惨痛的损失。但这些大师们毕其一生所营建出来的精神传统,却像芝大图书馆门前的雕塑一般历久而弥新。

芝加哥大学

这是一所自由宽松的大学。在芝大,没有人要求教授一定要做出什么科研成果,但一定要上课。因此,系里某个教授半年见不着一面,没有人觉得奇怪。有的教授五六年不发表一篇文章,也很正常,没有人会去督促检查。每个人都很从容,很有耐心,彼此之间充满信心和信任。尤其是人文社会科学的教授,主要精力都用在了教书和写"传世之作"上,很少去花时间写一般意义上的学术论文,学校对此也无要求。科斯从 1964 年起任芝加哥大学教授,直至逝世。在他漫长的一生中,只写了为数不多的几篇文章,而且有些几乎不能被称作严格意义上的学术论文——至少形式上不"规范"——充其量只能算是学术随笔。然而,就凭这一两篇文章,科斯就建立了一个学科,开创了一个学派,并获得了诺贝尔经济学奖。今天,全世界的经济学家都在研究、讨论、引用他的"交易费用"概念,虽然绝大多数人都不明白这个概念到底指的是什么。奥巴马在芝大法学院任教的 12 年里,也没有发表过任何学术成果。然而,正是在这样一所对教授几乎没有要求的大学,却产生了费米、萨缪尔森、弗里德曼、哈耶克、杜威、亨廷顿、波斯纳,以及周培源、吴阶平、叶企孙等,数也数不清的思想家和人类文明史上的大师。据说,在芝大经济系流传着一个笑话:如果允许芝加哥大学独立建国的话,那么该国将成为仅次于美国的诺贝尔经济学奖得主第二大国。

这是一所民主平等的大学,它实现了真正的"教授治校"。在芝大,一个教授的影响力有时候要比校长大得多。校长决心要干的事情,如果教授们坚决反对,那一定做不成;反过来,教授们支持的事情,校长即使持反对意见,多数情况下却能做得成。我曾问过芝大的一位教授,为什么他喜欢这里而不去别的大学,即使别的大学提供的条件要优厚得多。他告诉我,在芝大,是多数人统治少数人,但在很多大学,包括那些被认为是最顶尖的大学里,则是少数人统治多数人。这是芝大有别于其他大学的最关键的地方,也是它无可替代的魅力所在。也许从芝加哥大学的办学风格中,我们可以窥见好大学的一丝真谛。做到了这些,也就成了真正意义上的好大学。这也许正是中国大学应当为之努力的方向。

2014 年 4 月 23 日初稿于 Stanford University
2014 年 5 月 28 日定稿于 Stanford University

做你不会做的事[①]

在2013年北京大学"中学校长实名推荐制"和自主选拔录取测试中,我们对考试的形式和内容进行了比较大的调整。形式上,我们请考生先聆听或阅读有关专业文献资料,然后回答问题;内容上,这些文献资料虽然和中学的课堂教学有一定关系,但对考生而言却是全新的。学生如果看不懂文献资料,可以向老师提出来,经过老师讲解后再回答问题。这种考试的目的不在于考查学生对已经学过的知识点的记忆和掌握,而是重在考查学生处理新的学术文献和复杂资讯的能力。这和传统的考试,特别是高考,完全不同,它要求学生尝试去做你没做过或不会做的事情。

无独有偶。今年上半年芝加哥大学本科学院院长John W. Boyer先生来访北大时曾经说过一句令我印象极为深刻的话——芝加哥大学对学生的基本要求是:"做你不会做的事"。一个人怎么能做自己不会做的事情呢?这难道不是一种强人所难的过分要求吗?但正是这种看上去有悖常理的人才选拔和培养理念,保证了芝加哥大学出类拔萃的人才培养质量,形成了举世闻名的"芝加哥学派",使芝大成为全世界的学术研究中心。在美国,芝加哥大学是一所特点非常鲜明的大学,有自己的独得之秘。也许哈佛大学培养出来的思想家最多,耶鲁大学培养出来的政治家最多,普林斯顿大学培养出来的科学家最多,但培养出世界上最多的顶尖级教师的,除了芝加哥大学,再找不出第二个。

[①] 本文删节版发表于《光明日报》2014年8月12日第13版(高等教育版),题目为《芝加哥大学的独家秘籍——做你不会做的事》。《山海经》2014年第12期转载,题目为《想成为精英为何要"做你不会做的事"》。

认真研究芝加哥大学的人才选拔和培养体系，就会发现，"做你不会做的事"不仅仅是一句口号或要求，它实际上蕴含了先进的教育理念、极高的人才培养标准和深湛的哲学思维，是其核心价值观的体现。

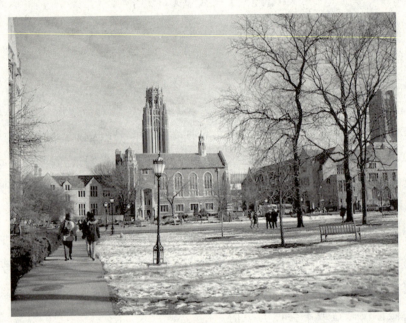

芝加哥大学

做你不会做的事，首先要求你具备一颗野心勃勃的心。这种人不同于一般的人，不会满足于一般性的工作，而是胸怀远大的理想抱负，渴望实现创造性成果，立志成为影响世界、甚至改变世界的人。"野心"这个词在中国传统文化中含有贬义，往往和阴谋、不安分守己联系在一起，不符合中国人"中庸"的要求。但实际上，创新往往由这类野心勃勃的人实现。他们从不安于现状，总是对权威和现实充满怀疑，思维处于高度活跃状态，善于从已有的事物中去发现新的创新点，从而成为引领某一领域的领导者而非追随者。他们是这个时代和社会中真正的精英，并且非常享受"成为第一"的感觉。如果哥白尼死守着托勒密的"地心说"，不敢越雷池一步，就不会有"日心说"的诞生。如果爱因斯坦被牢牢局限在牛顿的经典力学里，就不会有20世纪伟大的物理学革命。

自然科学是这样，社会生活领域更是如此。如果乔布斯认同IBM和微软的地位，如果李秉哲认同乔布斯的地位，如果马云认同eBay的地位，那么，今天这个世界就不会出现苹果，不会出现三星，也不会出现阿里巴巴。为什么会是他们？因为他们所面对的，都是茫茫无际的"人类无知黑幕"；他们所做的，或者他们想做的，都是他们以前不会做，也许除了他们，世界上没有人会做的事情，而且在做的时候也不知道他们是否可能成功。事实上，如果你真的做到了所有人都不会做的事情，那就意味着你实现了创新并引领了一个新的时代。

做你不会做的事，要求你具备挑战自我的勇气和能力。这种人往往自视极高，总是处于"不知足"的状态，不把自己的潜力发挥到极致决不罢休。他们给自己定下一个又一个看起来无法实现的目标，然后千方百计克服困难努力去实现之。就像一个登山者，一次又一次去攀登更高的顶峰，不断挑战自己的极限。

在芝加哥大学，这种自我挑战不仅是一种思维方式的训练和培养，也是一种生活方式。张五常曾经讲过一个关于"芝加哥学派"的代表人物、产权经济学的权威阿尔钦先生上课的故事。在上第一堂课时，阿尔钦先生向同学们提出了一个问题："假若你在一个有很多石头的海滩上，没有任何量度的工具，而你要知道某一块石头的重量，怎么办？"整整一堂课五十分钟，学生们围绕这一问题，绞尽脑汁地提出各种解决问题的方案，但每一种都不能令人满意。到了第二堂课，学生们以为老师会告诉他们答案，讲授经济学原理，但阿尔钦先生走上讲台后，提出的仍然是这个问题。整堂课学生依然围绕这个问题提出自己的解决方案，但每一种方案还是不能令人满意；第三堂课照旧。就这样，一个看上去简单到近乎幼稚的关于"石头"的问题整整讨论了半学期。学生们对此大惑不解，但越是这样，他们越不相信大名鼎鼎的阿尔钦先生会以这样的方式来上课，其中必定大有玄机。直到第五个星期，学生们再也提不出任何新的方案了。这时候，阿尔钦先生开始笑眯眯地讲了，没有任何讲义，一口气讲了两个小时，完全围绕第一堂课提出的问题，但讲授的全部是经济学中最基本的原理。结果学生们听得如醉如痴，过瘾之极。这种穷尽一切可能答案的研究方法，正是要求并教会学生不断挑战自己的思维极限。学生们总是不得不去问自己:"这就是最后的答案了吗?""除此之外,再也没有更好的方案了吗?"这种近乎强迫式的追问,促使每一个学生在上课学习和学术研究的过程中,大脑始终处于高速运转状态,不敢有丝毫懈怠,从而有效保证了芝加哥大学的人才培养质量。

做你不会做的事,要求你具备处理复杂资讯,解决未知世界难题的能力。未来是不确定的。明天会怎样,有谁能知道?不确定性是人类面临的最深的恐惧之一。唯物主义哲学认为,凡事皆有规律可循。因此,前事不忘,后事之师。人们总是可以从前人的经验教训中得到某种教益,正所谓"失败为成功之母"。但是,纵观历史,又有多少事情并没有按照所谓的规律去演进呢?丘吉尔曾经说过一句非常深刻的话:"历史上的许多重大事件,如果不是在那个时间、那个地点,发生了那一件偶然的事,很多历史都会改写。"历史是重复的,但很多历史也是全新的。如果凡事皆可依照旧例执行,人类社会早就会陷入停滞而无法自拔了,更遑论发展和进步!事实上,所有创造的第一步,都在于把没有联系的因素(这些因素可能是经验,也可能是观察到的现象)重新结合,将无序变为有序,将无形变为有形。要做到这一点,你就必须从经验和记忆中挑选出那些看上去毫无关联的因素,加以整理重塑,从而形成新的统一体。因此,如果你仅仅只是掌握了前人的知识,却没有具备处理复杂资讯和解决未知世界难题的能力,那么,有一天当你面对一个从来没有见过的事情时,你将不知所措,无所适从,当然也就谈不上解决问题和实现创新了。

联想到当前中国教育的实际情况,"做你不会做的事"真不啻是当头棒喝。我们恰好做了相反的事情。由于大规模的统一高考录取制度,为了追求更高的分数,中学和学生被迫进行高强度的重复性训练,目的是不断提高对考试题目的熟悉程度和反应速度。思考过程被完全省略。也就是说,分数的高低只体现出反应速度的快慢,并不一定代表学生的智商高低。我曾经读过一篇《清华学子的完美学习方法》,其中出现最多的词汇是"熟练"——"高考比的不是脑子,而是手。手熟一切 okay,不熟什么也别谈";要做尽可能所有类型的题目;同样类型的题目至少要做五遍,直到看到题目反应速度达到一秒,等等。实际上,这种训练模式之下的学生,已经丧失了主动思考的能力和欲望,即使考再高的分数又有什么意义呢？

我又想起美国的 SAT 和 ACT（也就是我们俗称的"洋高考"），其考试内容和中学教学基本上没有什么关系。中国人对此大惑不解——在许多中国人眼里，中学存在的价值似乎就是为了考试。SAT 的组织者——美国大学理事会解释说，这是因为 SAT 关注的是"学生未来在大学和工作中最重要的技能和知识"，它的服务对象是大学，当然要满足大学关于人才选拔的需求。至于中学教什么、怎么教，那是中学教育自身的事情，当然不需要他们关心。可以说，正是因为中学教育和大学入学考试无关，恰恰可以保证中学教育沿着自身教育规律的轨道前进，恰恰能够满足大学对创新型人才的需求。这一点值得我们深思。我们现在所做的事情正好相反。中国的高考首先强调要满足并适应基础教育的需求，"不超纲"，要"减负"，题目要尽可能简单，还要保障公平。至于大学能否通过高考选拔到适合自己培养的学生，高考本身并不特别关心，至少没有放在最重要的位置上。因此，倒也难怪，中国学生普遍被批评在创新意识和创新能力方面比不上美国学生。试想，一个人整天在重复已经做过的事情，另一个人每天都在尝试做不同的新事情，谁的创新意识和创新能力更强，不是一目了然吗？

2013 年 4 月 14 日初稿于北大老化学楼
2013 年 11 月 23 日凌晨定稿于 The University of Chicago

美国顶尖大学如何保证本科教育质量[①]

美国顶尖大学的教学是一个典型的哑铃型结构,高度重视两头的本科和Ph.D.,但对处于二者之间的硕士阶段看得相对较轻。所以大量读了一年制硕士的海归回国后表现平平其实是很正常的现象——本来含金量就有限。在本科和Ph.D.之间,天平又向本科倾斜。越是顶尖的私立大学越重视本科教育,这是它们的看家本领。

坦率地说,直到现在我也没有搞清楚为什么美国顶尖大学如此看重本科教育,不只是口头说说而已,而是真心实意地把真金白银大把大把地往里投入。在资源分配上,当研究生的发展和利益与本科生发生冲突时,毫无疑问研究生要为本科生让路;当科研与本科生教学发生冲突时,毫无疑问科研要为本科生教学让路。当然,这种状态也并非生而有之,在大学的发展历程中也曾经历了激烈的争论和反复,但难得的是,今天绝大多数人都认同这种格局和文化,并且在实际生活中心甘情愿地遵循和履行。

尽管美国顶尖大学之间的情况千差万别,特别是公立大学和私立大学几乎截然不同,但在如何从制度层面保证本科教育质量的问题上还是呈现出一系列共性的特征。

第一,从招生阶段开始,严把入门关。几乎每一所顶尖大学都对招生极为

[①] 本文删节版发表于《光明日报》2014年8月26日第13版(高等教育版),题目为《美国顶尖大学如何保证本科教育质量》。

重视。招生办公室主任的地位很高,有时候就是仅次于校长和教务长的第三号人物,其对是否录取一个学生具有最终决定权。他(她)往往会在这个岗位上工作很长时间,从而积累了极为丰富的识别学生的经验。哈佛大学的招办主任威廉姆·菲兹西蒙斯(William Fitzsimmons)就一口气干了40年。40年里,他每天的工作内容只有一个,就是阅读来自世界各地的学生申请资料。不只是哈佛,许多大学的招办主任任职时间都在10年以上。此外,大学对招生部门的人员和经费予以充分保证,投入巨大;招生过程极为复杂,甚至烦琐,每一个最终获得录取的学生在收到录取通知书之前都会经过几轮测试和评估。过去,我们对美国大学的人才选拔和培养有一个误解,即所谓"宽进严出",似乎美国学生上大学要比中国学生参加高考容易得多。其实恰恰相反,美国学生要想进入最顶尖的大学,其竞争之激烈,难度之大,丝毫不逊于中国学生考上北大、清华。美国顶尖大学的门,非但一点也不"宽",反而"严"得不得了。一般来说,申请美国大学需要缴纳申请费。虽然每一所大学的申请费不高,但是加在一起就是一笔不小的开支,也没有人会只申请一所大学。正因为有成本的制约,凡是提交申请的学生都是经过仔细掂量自认为有一定录取把握的。从这个角度看,无论是斯坦福大学的5.1%,还是哈佛大学的5.9%,都是相当惊人的数据。也就是说,它们是在100个自认为能上哈佛的学生中挑走了不到6个人! 你能想象得出其生源好到了什么程度。更重要的是,这些一个一个经过精心挑选的学生全部符合大学的办学理念和培养目标,除了个别看走眼的。这就为学生入学之后的教育质量提供了第一层保障。

第二,从文化和经济两个方面确保教师将主要精力投入到本科生教学上。美国顶尖大学在招聘教师时非常看重其对教学是否有足够的热情。在麻省理工学院,重视本科生教学本身就是大学最核心的文化。教授不但必须要上课,而且他(她)们也喜欢上课。然而,仅有文化和号召是不够的,教师是否喜欢上课是一回事,他(她)们是否真的能够认真上课是另一回事。美国顶尖大学通过强有力的经济手段引导和制约着教师对于本科教学的重视程度。教授的工资通常只发放9个月,剩下3个月的收入必须通过自己寻找研究课题和经费来解决。因此,并不奇怪,许多在美国大学任教的华人教授一方面会回国工作几个月,另一方面,又无法做到全职回国工作。奥妙就在于此。教授拿到的9个月工资,指的就是上课(特别是给本科生上课)的报酬。如果教授不上课,收入就会锐减,甚至没有薪水;如果课程质量不高,收入也会受到影响。在芝加哥大学这样极为重视本科教学的大学里,情况又有不同。在芝加哥大学看来,教授的天职就是教学。至于科研,那属于教授的个人旨趣。学校当然会支持教授的研究工作,但绝不能因为科研而损害教学的利益。许多教授的工资是由本科学院发放的。教授必须按照本科学院的教学标准和要求完成教学任务,否则就有可能拿不到工资。经济上的诱导直接影响甚至改变了教授的行为方式。这一点也许对于正在开始重视本科教学的中国大学来说具有相当大的启迪。

第三,在教学方式上,采取小班教学模式。小班教学是美国顶尖大学保证本科教育质量的核心手段。而且,越是重视本科教育的大学越强调小班教学的重要性。在芝加哥大学和哥伦比亚大学的核心课程中,小班教学的比例甚至达到了70%。为什么小班教学可以保证教学质量呢?原因在于,它最大限度地防止了教师和学生的偷懒行为。上几百人的大课时教师和学生都有可能偷懒——学生可以睡觉,教师可以念教材——但在十几个人的小班讨论课上无论如何偷不了懒。如果学生偷懒,不要说会影响成绩,也很容易被教师发现;如果教师偷懒,学生会提出抗议——学生都是支付了高昂学费来上课的,如果你提供的产品达不到质量标准,满足不了他(她)的需求,他(她)就会毫不留情地炒你的鱿鱼。例如,全美最顶尖的本科学院韦尔斯利女子学院一年的学费和生活费高达6万美元,这意味着她们在学校里的每一分钟都可以被换算成相应不菲的美元。学生们当然倍加珍惜她们的学习机会。此外,为了提高教学质量,许多顶尖大学一方面给学生提供了充分的选课自由,另一方面也通过学校政策对学生进行理性引导。比如,麻省理工学院对学生一学期的选课数量和学生选择专业的数量均有限制,防止学生贪多嚼不烂;芝加哥大学则直接规定了学生的课程表中,要求苛刻、课业繁重的小班讨论课的数量必须达到一定比例,防止学生偷懒混日子。

第四,对课程本身投入巨大。一方面,每一所顶尖大学的本科课程都是一个完整的体系，这也许和20世纪90年代以来美国大学本科教育教学改革中所倡导的整体知识观直接相关。表面上看，课程是由某一位教授主持的，但整个课程体系却是由专门的课程委员会集中力量精心设计的。特别是像芝大和哥大的核心课程，更是经过了千锤百炼。另一方面，学校和院系在本科生课程投入上毫不吝啬。比如，麻省理工学院电子工程系每年在一门课程上的投入就高达30万美元，少的也有10多万美元。这些经费并不包含教师的工资，是纯粹投入到课程本身的，分配给各个学生小组来使用。许多学生的作品很快就会被企业发现和使用，直接转化成产品。

第五，强化对教学质量的监控和评估。美国顶尖大学极为重视教学质量评估工作，但其评估的方式不是由被评估者提交材料由评估者审读检查，就像我们在国内看到的一样，而是由利益相关者进行的全覆盖的评价——同行之间的评估、高级职员对低级职员的评估、学生对老师的评估，等等，几乎无处不在，并且这种评估结果会对教师的岗位、职称和收入产生直接甚至是严重的影响。评估通常采取无记名问卷调查方式，有时也采取记名但绝对保密（有法律保障，泄密要负法律责任）的调查方式，因此每个人都会在评估时凭良心和职业精神自由、负责任地表达其真实观点。例如，在韦尔斯利女子学院，听课是最主要的监控教学质量的方式之一。教授要听副教授的课程，副教授要听助理教授的课程，听课之后都要进行评估，评估结果直接影响教师的职称晋升和收入。对于教授，学校有三年一次的评估。与此同时，学生要对教师进行评估。如果学生对某个教师不满意，他（她）就得就地走人。又比如，在麻省理工学院，很多时候同一门课程是由几位教师分别主持的，学生们可以自由选择，对教师的课程评估都被公布在网上，供下一级学生选课时参考，这样就在教师之间形成了竞争。学生的评估结果影响到教师的收入水平。如果某一位教师的课程不受欢迎，没有学生选课，这就意味着他（她）很可能要"下课"了。因此，没有人敢不尽心尽力。近年来，麻省理工学院对教师和教学质量的评估开始采用更长期的根据学生毕业后5—10年的发展情况来进行，则显得更为科学和客观了。

对比以上几个方面，中国大学在保证本科教育质量上的确还存在着相当大的差距：在招生阶段，大学里没有哪个人能够了解入学学生的情况，包括招生办公室主任；教师收入和上课与否基本上没有关系；教学模式仍然是几十人上百人的"演讲式"大课；至于教学评估，要么是走了运动式的过场，要么评估结果对个人利益不产生直接作用，等等。粗看起来，改革开放30多年来，美国大学的样子我们基本上都学来了，如学分制、GPA（平均绩点）、自由选课、弹性学制、教学评估，等等，但哪一样又在实际的教学过程中发挥了其应有的作用呢？照猫画虎，画画是可以的；要想真的得到虎，就必须下苦功夫，踏踏实实地按照虎的本质要求去做。否则，徒具其形，做出来也只不过是一个虚头巴脑、不起实际作用的玩具而已。受损失的，还是在大学里接受教育的学生。

2014年6月7日凌晨初稿于Oak Creek Apartments, Palo Alto, CA
2014年6月10日定稿于Stanford University

美国大学没有围墙?[①]

暑假期间,许多朋友带孩子来美国,少不了要到各个世界一流大学游历一番。一来美国大学校园风景秀丽,是放松心情的好去处;二来名校的氛围对孩子也有励志作用,至少可以为将来上大学做些准备。大凡每到一校,大家照例要找找校门,拍张照片,以示留念,但遗憾的是,这个愿望往往落空,不要说校门,连带有校名的标志都难找。闲聊时,朋友们往往感叹,美国大学真是自由开放,不但没有围墙,连个校门也没有,更不要说守在门口查验证件的保安了。想什么时候进就什么时候进,想从哪儿进就从哪儿进。不像你们北大、清华,进门还要排队,简直没有一点儿大学的气度和胸怀,仿佛就是一个衙门。就从这一点来看,国内大学要想成为世界一流大学,恐怕还有相当长的路要走。

国外大学没有围墙,并非一个新的发现;由大学有没有围墙引申出大学是否自由开放,进而批评中国大学的封闭与官僚,也不是一个新的观点。然而,我遍查所能见到的讨论大学围墙与大学精神的文章,都把大学没有围墙作为一个先验存在的前提,却没有一篇试图去问一问:为什么国外大学没有围墙?

围墙有两种含义:一种是现实中存在的物理意义上的空间隔断结构,用以离合、分割或保护某一区域;另一种是由前一种引申出的比喻,寓意某种产生阻隔作用的力量。比如,钱钟书先生最著名的"围城"即是对人生的比喻。比喻的好处是形象,给人留下的印象深刻,但也往往混淆事物的本质。就大学而

[①] 本文发表于《光明日报》2014年10月14日第13版(高等教育版)。《课堂内外》2015年第1期转载,题目为《美国的大学为什么没有围墙》。

言,有没有围墙是一回事,是不是开放自由是另一回事。在我看来,围墙和大学精神风马牛不相及,用围墙来隐喻大学之自由开放,恐怕是某些不了解实际情况的人的牵强附会了。

为什么美国大学没有围墙?许多美国教授听到我的问题很愕然,他(她)们压根儿就没想过这是一个问题,更没有人把围墙和自由开放的大学精神联系在一起。听完我一番啰哩啰嗦的解释,他(她)们也觉得这个现象很有趣,并且对中国大学的围墙产生了浓厚的兴趣,但同时也很坦率地告诉我,美国人并不认为这二者之间有什么意义重大的相关性。

斯坦福大学

围墙的作用在于提供安全保障。换句话说,如果安全能够得到保障,围墙就没有存在的必要。据我观察,美国大学之所以没有围墙,最根本的原因是不需要,这也是历史形成的自然结果。这和大学是否具有自由开放的精神毫无关系。在美国历史上最臭名昭著的"麦卡锡时代",大学并没有围墙,但那时的大学里充斥了监听、搜查和迫害,并没有因此而变得更加自由。普林斯顿是全美极其罕见的既有栅栏又有校门的大学,但却丝毫没有因此而变得不自由。

　　根据地理位置的不同,美国大学大致可以分为三类:一类是像斯坦福这样校园面积极大的大学(斯坦福大学占地面积35平方公里)。一旦进入校园,你别想轻易走出来。如果把校园全部用围墙围起来的话,不要说建造成本很高,就连维护费用也是一笔巨大的开支。对于斯坦福这样资金雄厚的大学来说,钱不是什么问题,关键是这笔支出既无必要,也没有意义。第二类是像韦尔斯利女子学院这种坐落在韦尔斯利小镇的大学。大学即小镇,小镇即大学,二者融为一体。大学的老师和学生就是小镇人口的主要组成部分。这样的大学,当然没有必要用围墙把自己和小镇隔离开,事实上也无法真正实现隔离。这一类大学多建于美国早期,也是欧洲大学传统在美洲大陆的延续。欧洲历来喜欢在风景如画、静谧安详的小镇建立大学。有时候,小镇反而因为大学而在世界上享有盛誉。比如,德国最顶尖的大学哥廷根大学就坐落在哥廷根市。在这个只有12万人口的小城市里,有近3万人是哥廷根大学的学生,是名副其实的大学城。此外,还有一类是像哥伦比亚大学这样坐落在大城市中心的大学。所谓校园,其实就是街道两旁的一栋栋楼宇而已。这一类大学建校伊始就依托城市而存在,一方面是租用城市的建筑物作为校舍,同时分享了城市的安全、交通和市政等公共设施的便利;另一方面,在后期的发展过程中,大学的学术研究、人才培养和社会服务与所在城市的联系极为紧密,形成了富有特色的校园文化。例如,哥伦比亚大学最负盛名的学院有商学院、新闻学院、教育学院,等等,这和它坐落在集全球经济、金融、艺术和传媒中心于一身的纽约关系极大。难怪人们说:"哥伦比亚大学的学生在华尔街学经济,在联合国总部学政治,在百老汇看戏剧。"与此类似的还有芝加哥哥伦比亚学院,这所全美最顶尖的艺术院校的发展得益于芝加哥的时尚与现代,它甚至因此拒绝搬迁到市政府免费为之建设的郊区。这样的大学,当然不会用一道围墙把自己和城市隔开了。

　　和中国相比,美国的一个重要特点是人口少。除了少数几个大城市外,许多地方人烟稀少。正因为平时见不到什么人,所以人和人之间很亲切,彼此友善礼让。人们总是要创造各种机会聚在一起,沟通交流,又怎么会用围墙进行自我隔离呢？美国人之所以显得热情好客,喜欢聚会聊天,都和这个因素有关系。另外,美国的社会和家庭安全系统相当发达。尤其在西部的多个州,不但家庭安全系统和警察局直接相连,许多人也合法拥有枪支。按照美国法律,他(她)可以随时击毙任何企图非法闯入的入侵者,当然必须是正面射击。这属于正当防卫。因此,围墙作为安全屏障的意义并不存在。美国人也不喜欢在房屋周围垒砌高高的围墙,至多种一圈树墙而已。这种没有围墙的文化自然也会影响到大学的建设。至于那些坐落在城市中心的大学,本身就属于城市警察管辖的范围。大学里的师生均为年满十八岁的成人,不需要额外特殊的保护——这正是美国大学没有围墙,但美国中小学都有围墙的原因。一旦出现危害校园安全的事件,警方会立即采取行动。也就是说,围墙并不能使校园变得更加安全,大学自然没有修建围墙的需要和动力。

芝加哥哥伦比亚学院

与美国不同,中国素有砌墙的传统。早在春秋时期,即有"城郭之制"。20世纪50年代以后,伴随着计划经济体制的全面建立,大学也由学术性社区变成事业"单位",由此砌起了围墙。但这种文化是否一定意味着封闭、保守和官僚,是值得学术界和知识界认真思考和研究考证的问题。同样,自由开放是大学建设的应有之义,但这一点不需要由没有围墙来加以体现。20世纪90年代初,北大拆除南墙,曾经引起一时轰动,但此举除了具有象征性的意义之外,北大并没有因此而发生多么巨大的变化;十多年之后,北大把曾经拆除的南墙又重新垒起来,也无非出于现实性的需要。南墙拆建前后,北大依然还是北大。由此看来,围墙就是围墙,也许并不需要赋予它多么重大的文化意味,即使它是大学的围墙。任何一种文化必然根植于自身传统和特点。多年来,我们隔岸看花,总是按照自己的理解和需要去解读美国教育,不光闹了不少笑话,恐怕对于中国教育自身的建设和发展并不会带来多少有价值的思想和推动。

2014年7月30日初稿于 Stanford University
2014年8月7日定稿于 Princeton University

什么是有效的教育？[1]

在时下颇为流行的关于中美教育的比较中，一个看起来是悖论的现象引起了我的浓厚兴趣：一方面，中国学生普遍被认为基础扎实，勤奋刻苦，学习能力——特别是在数学、统计等学科领域——超乎寻常，在国际大赛中屡屡摘取桂冠，将欧美发达国家的学生远远甩在后面。去年上海学生在国际学生评估测试中的表现尤其令人振奋。另一方面，中国科学家在国际学术舞台上的整体地位不高，能够影响世界和人类的重大科研成果乏善可陈，特别是至今没有本土科学家获得诺贝尔科学奖的事实令人沮丧。[2] 难怪钱学森先生临终之前会发出最后的拷问：为什么我们的学校总是培养不出杰出人才？

与此类似的另外一个看起来也是悖论的现象是：一方面，美国基础教育质量在世界上被公认为竞争力不高，就连美国人自己也承认这一点。和其他国家，特别是和中国、印度相比，美国学生在阅读、数学和基础科学领域的能力和水平较差，在各种测试中的成绩常常低于平均值。另一方面，美国的高等教育质量独步全球，美国科学家的创新成果层出不穷，始终引领世界科学技术发展的前沿。一个水平很低的基础教育却支撑了一个水平最高的高等教育体系，这也许是世界教育史上最吊诡的现象之一。

通常情况下，优秀的学生和优秀的学者之间存在某种正相关关系。虽然

---

[1] 本文删节版发表于《光明日报》2015年3月24日第13版（高等教育版）。
[2] 本文写作时，中国内地的确还没有科学家获得诺贝尔科学奖。2015年10月，屠呦呦先生获得诺贝尔生理学或医学奖，成为首位获得诺贝尔科学奖的中国大陆科学家。

不是所有的优秀学生最后都能成长为优秀的学者,但优秀的学者在学生时代通常都会比较优秀。尽管也会出现例外。也就是说,就整体而言,优秀学生的基数越大,未来从中涌现出优秀学者的可能性就相应越大,因为我们并不知道他(她)们当中谁最终会脱颖而出。反过来,如果优秀的学生和优秀的学者之间不存在这种正相关关系,换句话说,如果优秀的学者并不依赖于优秀的学生而产生的话,那么,人类社会就没有必要建立正规化的教育系统。然而,当下的中国教育正在验证我们的担忧:优秀的学生和未来优秀学者之间的相关性似乎并不显著。如果事实果真如此,我们不禁要问:我们的教育是有效的吗?这也促使我们反思:到底什么才是有效的教育?

教育是否有效要看它是否帮助人们实现了教育的目的。然而,今天越来越多的我们(无论是教育者还是被教育者)已经渐渐忘记了教育的目的。恢复高考以来的三十多年里,我们一直在不停地奔跑,跑得越来越快,也越来越累,却很少停下来问一问自己,我们为什么要奔跑?教育似乎正在变成我们日常生活中不得不去完成的例行公事:教师上课是为了谋生;学生上学,在义务教育阶段是国家规定,在非义务教育阶段是为了通过上一级的考试;校长看上去像是一个企业的总经理;大学正遭到各种各样的逃离,等等。凡此种种,无不显示出教育的有效性正在慢慢消失。

从比较的角度看,关于教育的目的,中国(甚至整个东亚社会)和美国的教育似乎呈现出不同的特征。

以科举制的终结为分水岭,中国教育史可以被划分为两个不同的阶段。古代中国的教育实质上是一种关于社会和人生的伦理学训练。教育固然有其功利化的一面:"学会文武艺,卖与帝王家""学而优则仕",等等;但另一方面,教育也有其超越性的一面:学生们通过反复阅读经典的经书来完善自己的道德,管理家族和宗族事务,进而服务于国家和天下苍生。这一点在《礼记·大学》里表达得非常清晰:"古之欲明明德于天下者,先治其国;欲治其国者,先齐其家;欲齐其家者,先修其身;欲修其身者,先正其心;欲正其心者,先诚其意;欲诚其意者,先致其知,致知在格物。物格而后知至,知至而后意诚,意诚而后心正,心正而后身修,身修而后家齐,家齐而后国治,国治而后天下平。"从某种意义上说,后一种以"仁"为核心的儒家教育远远超过了它的功利性。因此,即使在晚明和晚清政治社会极度腐败的情况下,依然有不少杰出的知识分子恪守儒家伦理道德规范,在极其艰难的境况下维系着中华民族传统文化的命脉。

科举制废除之后,基于政治经济文化的颠覆性变革,中国教育走上了向西方学习的道路,由此形成了一整套语言、学制和评估体系。20世纪50年代全面转向苏联教育模式仍然没有脱离这一历史进程,只不过学习的方向和内容发生了转换而已。到了20世纪80年代,中国教育再度转向以美国和其他西方发达国家为对象的借鉴和学习。这一源于特殊历史环境下的教育体系尤其强调功利性的一面,即教育是为了解决现实中的某种问题而存在的:教育为了救国;教育是实现现代化的工具和基础,等等。到了当代,教育更加呈现出相当显著的工具性特征:学生们希望通过教育获得一些"有用"的技能,使他(她)们能够通过竞争激烈的考试,增强他(她)们在就业市场上的竞争力,进而获得更高的社会地位和物质财富。如果教育不能帮助他(她)们实现这些目标,他(她)们就会毫不犹豫地抛弃教育。这就是为什么近年来"读书无用论"渐渐开始抬头的思想根源。

美国教育的目的是为社会培养合格的或"好的"公民。它也有功利性的一面,但其功利性不肯直接示人,而是附着于公民教育背后的产物。越是优秀的教育机构,越强调教育对人本身的完善。即使是公立教育机构,也依然把提高本州人民素质作为最根本的教育目标。因此,实用主义哲学最为盛行的美国,在教育领域却非常"不实用主义"——越是优秀的教育机构,教给学生的越是些"无用"的东西,如历史、哲学,等等;越是优秀的学生,越愿意学这些"无用"之学。

实际上,美国学生之所以基础差,和美国中小学的教学方式有直接关系。美国教育界深受古希腊苏格拉底"产婆术"教育思想的影响,强调教育是一个"接生"的过程,教师就是"接生婆",人们之所以接受教育是为了寻找"原我"以不断完善自身。也就是说,他们认为,知识非他人所能传授,主要是学生在思考和实践的过程中逐渐自我领悟的。所以,在美国课堂里(无论是大学、中学还是小学),教师很少给学生讲解知识点,而是不断提出各种各样的问题,引导学生自己得出结论。教师通常只在最后提纲挈领地把知识点做一总结而已。学生的阅读、思考和写作的量很大,但很少被要求去背诵什么东西。美国学校教育是一个观察、发现、思考、辩论、体验和领悟的过程,学生在此过程中,逐步掌握了发现问题、提出问题、思考问题、寻找资料、得出结论的技巧和知识。虽然他(她)们学习的内容可能不够深不够难也不够广,但只要是学生自己领悟的知识点,不仅终身难以忘记,而且往往能够举一反三。

与之相比,中国学校教育深受孔子"学而时习之"思想的影响,老师把知识点一遍又一遍地教给学生,要求学生通过不断的复习背诵,使之成为终身不忘的记忆。这种教学方式对于传统的人文经典教育是有效的,但对于现代自然科学和社会科学的教育而言,其弊端显而易见——学生的基础知识普遍比较扎实,但也因此束缚了其思想和思维,丧失了培养创新意识的机会。

从教育的目的和教学方式出发,中国和美国关于"教育有效性"的理解可能存在相当大的差异。对于当代中国而言,提高教育有效性的关键在于如何把价值观教育自然而然地融入教育的全部过程之中。这是一个巨大的挑战。因为统一的高考录取体制对基础教育的制约和影响,以及社会外部环境的变化,教育的过程正在逐步异化为应付考试训练的过程。目前,这个过程正在向低龄化阶段发展。由于"不能输在起跑线上"的比拼心理,对儿童的早期智力开发正在进入历史上最狂热焦躁的阶段。越来越多的孩子从教育中不能享受到快乐,不快乐的时间一再提前。教育提供给人们的,除了一张张毕业证书外,越来越难以使人感受到精神的愉悦和心灵的平和。反社会的行为越来越严重。政府已经意识到这个问题的严重性,下决心通过大学考试招生制度的改革来逐步扭转这一局面。然而,当下的社会舆论环境、公众对于教育公平的简单理解和忧虑,以及缺乏信任度的社会文化心理,都进一步强化了教育过程中对"选拔进程的负责度与选择结果的公正性"的非理性追求,进而加大了改革所面临的阻力并可能削弱改革的效果。此外,正如储蓄不能直接转化为投资一样,学生所具有的扎实的基础知识如何转化为提供创新思想的源泉和支撑,也是中国教育界所面临的另一个严峻的挑战。

对于美国而言,"诱导性接生教育"固然极大地激发了学生的创造力,但也不可避免地带来另一方面的问题,即容易忽视对于基础知识的系统传授和扎实训练,由此导致美国学生普遍在数学和其他基础学科领域表现不佳。自20世纪60年来以来,美国教育界就已经意识到这个问题的严重性,并且努力通过各种途径加以改善。比如,众所周知的AP课程就是为了提高美国高中课程的严谨性而创造出来的新体系;再比如,由于学生的基础知识不够扎实已经影响到大学教学活动的正常开展,迫使许多顶尖大学不得不提供短期强化课程对新生进行"补课";还比如,近年来美国联邦政府大力推广的STEM(SCIENCE,TECHNOLOGY,ENGINEERING & MATHEMATICS,即科学、技术、工程和数学)课程体系,更是在国家层面力求强化美国学生理工科基础的重要举措,等等。面对中国等其他国家的挑战,许多美国教育界的领导者忧心忡忡,呼吁美国应当建立一个更严格的教育体系,来培养更多的熟练劳动者,以增强经济的活力和竞争力。于是,一个有趣的现象出现了:当中国正在大规模从苏联计划经济体制下的教育模式转向美国教育模式的时候,美国教育界却似乎在通过统一课程标准等方式从相反的方向向中国式教育靠拢。

从根本上说,提高教育有效性的努力需要对教育的更大投入,更有自信,也更有耐心。教育固然应当为社会经济服务,但更重要的,教育要改善人心,实现教化。也许,最终判定一个国家的教育是否有效的标准,并不在于建立了多少学校、盖了多少大楼和教室、入学率以及工程师的数量等看得见的数据,甚至不在于培养出了多少国际学术界的领军人物,而是在于,通过教育,这个国家的人民是不是变得更加文明、更加从容、更加友善、更加有道德等看不见的感觉。无论对于教育者还是被教育者,这才是更富于价值,更为根本,因而也更为有效的教育。

2014年7月15日初稿于Stanford University
2014年7月27日凌晨定稿于Harvard University

教育国际化的真正含义①

在评价一所大学的质量时，国际化是一个重要的指标。在各种各样的大学排名中，外籍教师和留学生的数量一直被视为一个关键性的影响因素。在招生宣传中，国际化也始终是各大学突出强调的重点。中外联合办学、联合培养、双语教学、国际实验班、交换学生项目，等等，形形色色的涉"外"项目成为各高校吸引学生报考的重要砝码。近年来中国香港地区的大学之所以备受内地学生青睐，一个重要原因据说是，和内地大学相比，香港地区的大学更为"国际化"一些。事实上，它们就是这样宣传的。的确，在一个全球化的时代，一所大学里要是没有一些洋面孔和英文课，简直就不能被视为一所现代化的大学。

正因为如此，许多大学都将国际化视为办学和人才培养的战略目标，并为之投入了大量的资源。然而，一个首要的问题是，究竟什么是国际化？在何种意义上我们可以称一所大学为国际化的大学？是指在校园里存在着一些来自欧美的洋面孔吗？在许多人的意识里，来自亚非拉的面孔似乎还不能算作国际化的体现，也不能被视为国际竞争力的体现。是指课程表里增加了一些双语教学，实际上是英语教学的课程吗？许多大学现在都将双语教学视为国际化建设成就的重要体现。是指扩大交换学生的规模吗？许多大学都以能够为学生提供海外交流项目来吸引学生的眼球，有些大学甚至宣称将为所有学生提供一次在校期间出境交流的机会——当然指的是欧美发达国家，最差也是

---

① 本文发表于《光明日报》2015年5月5日第13版(高等教育版)，题目为《教育国际化不是装点门面》。《评价与管理》2015年第3期同题转载。《考试》2015年第20期同题转载。

中国香港地区,这就是为什么说"出境"而不是"出国"的原因。是指和国外大学建立起合作交流关系吗?是指每年邀请国外大学教授来校发表演讲吗?甚至,是指"走出去",到国外去开办分校吗?很难说上述这些方面不是国际化的体现,但如果说国际化就是指这些内容,似乎也难以令人信服,总觉得缺了点什么。

紧随其后的一个问题是,为什么大学要实施国际化战略?最简单的回答当然是,在全球化时代,任何大学都不可能关起门来封闭发展,必须要"请进来,走出去"。但这种不言自明的"必要性"等于什么也没有说。从人才培养的角度来说,国际化教育可以拓宽学生的国际视野,使他(她)们能够通晓国际规则,未来能够参与国际事务和国际竞争。也就是说,大学培养的人才不仅要满足本国、本土化的要求,而且要适应国际产业分工、贸易互补等经济文化交流与合作的新形势需要。这可能是大多数人比较认同的一个回答。当然,还有一些大学推行国际化,纯粹是为了装点门面,增加对学生的吸引力。比如,有些大学宣称和美国某所大学建立了联合培养项目,可以为学生提供出国交流的机会,但实际上只需要美方同意在招生宣传中使用其校名。说得更直接一点,他们之间可以没有任何实质性的教育合作,唯一需要做的是就如何分钱达成协议。

仔细分析上述现象,不难看出,目前我们所理解的国际化可能是狭隘和片面的。我们在谈到国际化的时候,往往不自觉地指向西方化、美国化、欧洲化和英语化;我们热衷推行的国际合作交流培养项目,往往下意识地集中在美国和欧洲等发达国家的大学;我们培养学生具有的国际视野,往往指的是了解西方特别是美国的视野;我们教给学生掌握的国际通则,往往指的是由美国和欧洲国家所主导的那些国际组织的规则和惯例;我们认为一个学生应具有的国际竞争力,往往指的是其在大型跨国公司、金融机构、学术机构和国际组织中的竞争力,往往意味着他(她)能够讲一口流利的英语,谙熟美国人和欧洲人的各种习惯,懂得怎么样和他(她)们打交道,能够完全无障碍地处理和他(她)们之间的各种事务。

自鸦片战争以降的一百七十多年里,除了短暂的封闭阶段外,我们在文化心理上对西方一直处于一种事实上的弱势地位。即使在今天中国的综合国力已经有了空前发展的情况下,很多中国人仍然对美国和欧洲充满了神秘和向往,"出国"在许多普通中国人社群中仍然是一个令人艳羡的行为。我们对国际化的上述理解,实际上只不过是"西方中心论"在教育领域的另一种体现而已。

但国际并不等同于美国和欧洲。在这个广袤的星球上,除了美国和欧洲之外,还有俄罗斯、亚洲、非洲和拉丁美洲,等等。问题是,目前在我们的本科教育中,学生的眼睛里可能只有美国和欧洲,甚至只有美国。俄罗斯现在正在发生什么?印度的竞争力在哪里?日本未来的走向是什么?巴西是一个怎样的国家?中东和阿拉伯呢?关于这些问题,除了少数专业领域的研究生之外,据我的不完全的观察,许多本科生对此要么知之甚少,要么所知为误,甚至一无所知。至于像越南、菲律宾和缅甸这些国家,很多学生可能从来没有想到过要去了解和它们有关的知识。但问题在于,它们可能就是未来二三十年内要和你直接发生密切联系的国家。在这一点上,也许现在的我们还不如20世纪80年代的青年。在小说《人生》中,高加林虽然连饭都吃不饱,却仍然在和他人充满激情地辩论阿拉伯和巴勒斯坦的问题。在现在的学生看来,这简直不可思议:它们和你有一毛钱的关系吗?

我们可以不去想这些问题,但不等于别人也没有在想。我在MIT访学期间,旁听了一门博士生的高级研修课。上课的形式是常见的小组报告加讨论,并无特别之处。吸引我的是小组报告的内容。有一个小组的三名学生今年3月刚从印度调研归来。在那里,他(她)们用了大约三周的时间,详细考察了印度当地治疗儿童唇裂的情况,搜集了大量第一手的数据和资料。实际上,这只是其中一个小组的工作。选修这门课的学生——他(她)们本身就来自好几个国家和地区——被分成了几个不同的小组,有的去巴西,有的去阿拉伯地区,也有的去中国。主持课程的教授告诉我,MIT的教育是要让学生通过亲身实践理解发生在真实世界中的事情。国际化的目的是要给学生提供机会,帮助他(她)们了解那些和你不同面孔、不同肤色、不同服饰、不同语言、不同文化、不同习俗和不同思维方式的人们的真实想法以及与你之间的文化差异。

麻省理工学院

实际上，不仅 MIT 是这样，几乎所有的美国顶尖大学都极为重视对文化差异的研究和教学。他们认为，文化差异对于人的思想和行为影响巨大，它会导致对同一件事情的完全相反的看法。比如，芝加哥大学在某一堂课中讨论美国在东亚的政策问题。教授提出的问题是，为什么对于同样一个参拜靖国神社的行为，中国、韩国和日本的态度会完全相反？在二战中遭受侵略的中国、韩国等国家坚决反对日本领导人的参拜，因为在靖国神社中供奉了许多二战中的甲级战犯，参拜意味着日本政府企图否认和美化日本军国主义的侵略历史，继而挑战二战结果和战后国际秩序；但在日本民众看来，不管一个人生前做过多少十恶不赦的事情，死了之后都应当受到祭拜，以免成为孤魂野鬼，这和对于战争的态度无关。所以很多日本人一方面承认二战的侵略历史，另一方面又在公开参拜靖国神社，他们完全无法理解为什么中韩两国对于靖国神社参拜问题如此敏感，而中韩两国也无法理解日本人看起来如此相互矛盾的行为以及日本政府官员执意要参拜靖国神社居然还能得到民意的支持。这可能植根于无法沟通、理解和认同的文化差异。为什么美国人对朝鲜非常头疼？因为信息封锁，它对这个国家几乎不了解，不清楚朝鲜人的真实意图究竟是什么,也就难以判断朝鲜的下一步动向。

　　研究文化差异是美国本科教育,特别是通识教育的重要特点之一。在哈佛、耶鲁、芝加哥、哥伦比亚等顶尖大学的核心课程中,关于不同国家、不同民族、不同种族、不同文化的课程占据了很大分量。这些小型的讨论课通过阅读文献和讨论的方式,帮助学生了解这些国家的历史、现状和人们的思维方式,并预测和判断它们的未来走向;学校还会提供多种机会,帮助学生进行实地体验。因此,和我们的国际化走向恰好相反,美国学生喜欢去的大多是那些他(她)们不了解和感到神秘的地方。这是美国本科教育的目的。美国顶尖大学认为,他们所培养的学生未来会成为美国和全球的领导者。他(她)们必须要对美国之外的世界有清晰准确的把握,才能有效承担起领导世界的责任。如果学生能够在本科阶段就深入地了解和理解各种各样令他(她)们感兴趣的文化差异,当他(她)们未来可能和这些国家的人发生联系和接触的时候,就会降低交易成本,减少误判的可能性,增加成功的几率。也就是说,对文化差异的研究和关注不应当仅仅是少数专业研究人员的工作,而应当是大学本科生必须具备的国际视野和基本素质,是通识教育而非专业教育的重要组成部分。美国学术界对此提供了强有力的支持。比如,美国著名人类学家鲁思·本尼迪克特的《菊与刀》最初是奉美国政府之命,为分析、研究日本社会和日本民族性所做的调查分析报告,但却成为二战后美国学生了解日本的经典著作。哈佛大学教授傅高义在退休之后倾十年之力写作《邓小平时代》的直接原因,也不过是"帮助美国人了解在亚洲发生的关键性发展——中国"而已。实际上,美国全部汉学家的工作都是为了帮助美国人了解和认识中国文化以及中国人的思维。从这个意义上说,美国顶尖大学的国际化从来都是实用主义的,既不搞花架子,也不装点门面,而是必须要在人才培养过程中发挥实际作用,产生实际效果。

　　近年来,伴随着中国经济的飞速发展,我们常常自认为中国是美国最重视的国家。的确,美国重视中国,但不要以为美国只重视中国。在亚洲,它极为重视的另一个国家是印度。2014年3月,芝加哥大学印度中心在德里成立。而谷歌、苹果、微软等美国大公司早就在印度设立了大型研发中心。美国大学生去印度的也很多。相比之下，对于那些未来几乎肯定要和印度人打交道的中国本科生而言，你对这个已经成为世界第三大经济体的近邻又了解多少呢？你知道他（她）们的真实想法吗？你懂得他（她）们的宗教、文化和习俗吗？你能够准确预测他（她）们下一步的行动吗？

  不仅仅是印度，另外一个我们已经很陌生的国家是俄罗斯。自20世纪90年代以来，学习俄语的学生越来越少，原本数量有限的学生在毕业后也纷纷改行做了其他工作。在中国和俄罗斯的战略合作关系越来越紧密的同时，俄罗斯的形象却在中国青年一代的心目中变得越来越模糊。这个问题应该引起我们的高度重视，以免二三十年后我们可能不得不为今天的短视而付出代价。

2014年5月20日初稿于Stanford University
2014年5月22日定稿于Stanford University

人同此情,情同此理
——中美教育没有本质差别①

一段时间以来,关于中美教育的比较(其中也包括我个人的一些观察和思考),引起了人们的浓厚兴趣。大家之所以对这个话题感兴趣,部分源于对现实教育的某种失望和不满,部分源于对美国教育的某种新鲜和好奇。他山之石,可以攻玉。这些讨论在一定程度上澄清了人们对美国教育的一些想当然的误读,丰富了人们对于中国教育多样性的想象,对于推动正处于剧烈变革的中国教育发展不无裨益。既然是比较,关注点自然集中在中美教育的差异上,其隐含的逻辑前提是,中美教育是不同的。然而,根据我在美国访学期间的粗浅观察和体会,我认为,尽管中美教育从表面上看来似乎截然不同,但二者在本质上并无差别。

2013年11月至2014年11月,我用整整一年时间,从美国东部到中部再到西部,详细考察了美国公立大学、私立大学和普通中学的历史、现状和未来发展。借助女儿上学的便利,也附带观察了美国的幼儿教育。我关心的主要领域是美国大学的招生考试制度和本科教育。我在研究过程中发现,美国高等教育和基础教育实际上是一个完整体系,相互衔接十分紧密;如果对美国中学缺乏应有的认识,我们就不可能准确理解美国大学的特征,特别是它们的招生录取制度。因此,以AP课程(大学先修课程)为切入点,我在考察美国本科

---
① 本文发表于《光明日报》2014年12月30日第13版(高等教育版)。《学子》2015年第4期转载,题目为《中美教育没有本质差别》。《辽宁教育》2015年第4期转载,题目为《中美教育没有本质差别》。

重新出发——中美大学本科招生比较研究

教育的同时,考察了美国中学教育的组织和运行。我的研究方法主要是社会学意义上的体验和访谈。体验是指我本人作为一个受教育的个体,直接在大学和中学的课堂里上课、阅读和参加各类活动。访谈是指在一系列问题的引导下,和各种各样的人面对面交谈,主题则仍然集中在大学招生和本科教育。一年来,我访谈了近百位教授、中级和高级行政管理人员、中学教师、学生、家长和企业家,从不同角度和立场出发,不同程度地向我所关心的核心问题接近,积累了大量第一手的资料。以前,我也曾多次访问美国,但囿于时间限制,只能是走马观花地获得一些浮光掠影的表面感受。这一次,通过融入普通美国人的生活、学习和工作之中,身处真实的美国教育世界,我得以感同身受美国人对教育的理解和他(她)们的实际行动。对我而言,重要的不是美国的教育学理论说了什么,而是美国人在现实生活中是如何做的;同样重要的是,他(她)们为什么这么做,以及在做的过程中遇到了哪些问题,又是如何克服的。

耶鲁大学

需要指出的是,由于美国教育体系过于庞大复杂,以及时间、精力、能力和学术准备等诸多限制,我所观察到的仍然只是其中极为微小的一个侧面。因此,我所指的美国教育,也只能意味着我所触及的有限范围,不能也不可能代表美国教育的全部。事实上,也许没有人能够从整体上清晰地说明美国教育到底是怎样的情况,即使他(她)是研究美国教育的专业人士。但如果将无数个类似于我所观察的侧面集中在一起,或许我们可以大致勾勒出美国教育的全貌。

人同此情,情同此理。我之所以认为中美教育没有本质区别是源于常识。尽管作为社会系统的一个重要组成部分,教育必然受到诸如社会制度、历史传统、文化背景甚至地理环境的制约和影响,教育理念、教育途径和教育方法也可能存在差异,但我认为,只要是人,只要教育的终极目标仍然是为了人的发展,那么从根本上而言,不同国家的教育差异就不应当过大,至少不像人们想象中的那么大。比如,无论东西方的语言差异有多大,对于在何种意义上,一个人接受了良好教育而另一个人没有,或者一个人读了书而另一个人没有,人们的认识可能是类似的;又比如,无论各个国家的价值观差异有多大,对于一个接受过良好教育的人应当具有人类社会的基本价值观,诸如诚信、爱国、不偷盗、对家庭负责,等等,人们所持的态度也大体相同;再比如,无论各个国家的礼节差异有多大,对于一个人的行为举止彬彬有礼而另一个人粗鲁鄙俗,人们的内心感受可能是一致的;还比如,无论教育的途径和方法差异有多大,对于一个接受过良好系统训练的科学家所做出的学术成果,同行之间的评价可能不会大相径庭,等等。也就是说,教育的外在表象可以千差万别,但就教育本身而言,其结果可能是大体相近和类似的。

从这个角度出发,我们就比较容易理解,为什么那些认为美国学生比中国学生轻松的看法是不符合常识和实际的。"天下没有免费的午餐","不劳"怎么可能"而获"呢?你要想成为一个接受过良好教育的人,那些必读的经典著作你就必须一页一页地去读;你要想做出非同一般的科研成果,你就必须老老实实地在实验室里一遍又一遍地做那些在外人看来枯燥无味的实验;你要想具有一些别人所不具备的能力,你就必须一个小时接一个小时地下苦功夫。

学习一定是辛苦甚至是痛苦的,没有任何捷径可走。那些最顶尖的美国学生和中国学生需要付出的时间和精力一样多,也许美国学生更多,因为他(她)们所接触的范围更宽更广。那些认为中国学生负担太重而把孩子送到美国的家长可能没有意识到,孩子去了美国以后可能会更加辛苦,除非你想接受的是差的而不是好的教育。

  从这个角度出发,我们也就比较容易理解,为什么那些认为中国社会诚信度不高因而只能在大学招生中依据高考分数来录取学生的观点是没有道理的。应当说,这个问题曾经也正在深深地困扰着政府决策层和大学的招生机构。不放就死,一放就乱。难道这是一个无解的问题吗?我曾就此请教过斯坦福大学的招办主任理查德·肖。这位曾经在耶鲁大学担任过多年招办主任的老先生说了一句意味深长的话:"要知道,我们都是人。"他的意思是,只要是人,就有可能出现一切可能出现的问题。关键在于,你要设计怎样的制度和机制,尽可能避免出现这样的错误并限制错误所产生的后果及其影响。

  详细考察美国大学招生考试制度的发展历程,你会发现,美国大学招生考试制度走到今天,同样经历了一个漫长而痛苦的过程。20世纪以前的美国大学招生毫无章法和规矩可言,入学标准只有一个:钱。那时的大学,只面向权贵和有钱人的子弟开放,穷人家的孩子是没有能力接受大学教育的。然而,新工业革命的飞速发展创造出了无数就业岗位,只有接受过高等教育的精英才能承担,而权贵和有钱人的生育速度和能力无法满足这样的需求,必须要吸收新的社会力量进入大学。有钱没钱容易区别,对于那些没钱的学生,又该如何区分谁可以进入大学而谁不行呢?考试制度由此而生。大学通过考试成绩来录取学生。然而,新的问题出现了。那些家庭经济条件优越的学生,可以凭借从一出生就享有的优质教育资源,从而在考试中遥遥领先。为了避免因为大学招生中的不公正而引发社会动荡,以及为了抑制二战后大批涌入美国的犹太人群体进入大学的数量——他(她)们因为考试成绩高而占据了过多的入学资格,正如今天的亚裔群体,美国大学才逐步确立了招生录取的综合评价制度。实际上,美国最著名的公立大学加州大学伯克利分校直到成立一百多年后的2001年才开始实施目前的综合评价录取制度。这一时点只不过比中国大学开始自主选拔录取改革的时间早了仅仅两年而已。美国大学的招生录取制度远非人们想象的那样纯粹，那样完美，它也同样需要在实施的过程中克服各种各样的外部干扰因素。

　　坦率地说，今天中国大学在招生录取过程中遇到的大部分问题，都曾或多或少地在美国大学招生录取过程中不同程度地出现过。比如，我们现在非常关注的公平与效率之间的冲突、城乡差别（美国更多地体现为族裔差别）、异地入学、"偏才怪才""打招呼递条子"，等等。那些认为只要把美国大学招生考试制度直接移植到中国就可以一劳永逸地解决所有问题的想法是完全不现实的。即使全盘移植了，那些曾经出现过的问题也一样会再次出现。反之，那些认为中美社会制度不同因而完全不能借鉴美国招生考试制度的某些成功经验的观点也是武断和不尊重实际的，因为该出现的问题不会因为你只按照高考分数录取就可以高枕无忧地避免。所不同的是，美国大学积累了差不多一百年才取得今天的成就，中国恢复高考制度才不过三十多年，而且喜欢"翻烙饼"，不太重视积累。实际上，直到二战之前，美国大学还不是世界高等教育的中心。那时候，他们仰起头看待当时最顶尖的英国和德国大学的态度，和今天我们看待美国大学的态度差不多。

湖南师范大学岳王亭

重新出发——中美大学本科招生比较研究

从这个角度出发，我们当然也比较容易理解，为什么在我们大规模向美国教育模式靠拢的同时，美国教育界却在极为认真地研究借鉴中国教育的某些成功经验。这绝非臆测，而是正在发生的事实。在美国，最令我惊异的是，许多第一流的教育学家认为中国教育所取得的成就是难以置信和无法想象的，他（她）们认真分析中国教育的数据，并且和全球其他国家进行比较，认为这也许是美国未来所面临的最强有力的挑战。这使我意识到，今天当我们在不断批评中国教育的弊端甚至认为是失败的时候，当一批又一批的未成年人远离父母和亲人漂洋过海去孤独地接受想象中的良好教育的时候（很多美国人对此完全不理解），也许我们应当对自己的教育保留那么一点自信、信心和信任。毕竟，这个国家、这片土地和生活在这里的人，才是我们真正的根儿。面对中美教育，我们不能陷入一会儿骄傲自大、一会儿又妄自菲薄的摇摆之中，也不能任由民粹主义和简单民族主义思潮摆布。比较稳健务实的态度也许是，不要着急，真正了解自己和美国，理性正视我们的差距和不足，按照教育规律，根据自己的实际情况，一点一滴加以改进和完善。也许在并不久远的将来，伴随着中国经济和政治地位的变化，我们也能够实现今天美国教育在全球的地位，正如七十多年前的美国教育所取得的成就一样。

2014 年 12 月 5 日初稿于北京大学老化学楼
2014 年 12 月 14 日凌晨定稿于厦门三道书院问道阁

美国大学招生为何实行综合素质评价?[①]

新高考改革方案最根本的变化是将学生的综合素质评价纳入大学招生环节,从原有的以高考成绩为唯一录取依据变为"两依据,一参考",也就是以统一高考成绩和高中学业水平考试成绩为依据,参考综合素质评价,逐步实行"三位一体"的招生录取模式。然而,为什么要实行综合素质评价?大学招生时怎样参考综合素质评价?不但考生和家长感到茫然,就连大学招生机构甚至政府决策部门也没有给出明确具体的说明。方向和原则有了,在实践中到底如何操作呢?

教育部《关于加强和改进普通高中学生综合素质评价的意见》(教基二〔2014〕11号)对"综合素质评价"作了如下界定:"(它)是对学生全面发展状况的观察、记录、分析,是发现和培育学生良好个性的重要手段,是深入推进素质教育的一项重要制度。全面实施综合素质评价,有利于促进学生认识自我、规划人生,积极主动地发展;有利于促进学校把握学生成长规律,切实转变人才培养模式;有利于促进评价方式改革,转变以考试成绩为唯一标准评价学生的做法,为高校招生录取提供重要参考。"这是迄今为止教育部对综合素质评价做出的最权威的表述,也是大学招生实行综合素质评价的政策依据。换句话说,大学招生之所以参考综合素质评价,就是要从源头上"转变以考试成绩为唯一标准评价学生的做法,切实转变人才培养模式"。从这个角度看,综合素质评价的确是破解当前基础教育"应试训练"模式的一剂良药。

[①] 本文删节版发表于《中国青年报》2015年1月5日第10版。《教师博览》2015年第5期同题转载。

大学招生实行综合素质评价自有其理论依据。大量实证研究结果表明，在一个人成长成才的过程中，情感、意志、兴趣、性格、需要、动机、目标、抱负、信念、世界观等非智力因素不容忽视，甚至起到了超越智力因素的决定性作用。注意力、观察力、想象力、记忆力、思维力和创造力等智力因素也不一定能够通过统一的入学考试成绩体现出来。令人印象尤为深刻的是，学生在中学参加课外活动的程度往往与他（她）们在大学时对于各类技能的自我评价以及进入大学后的学习投入程度之间存在显著的正相关关系。正因为此，美国大学特别是最顶尖的研究型大学普遍实行招生的综合评价模式。正如美国维克森林大学招办主任 Martha Allman 所说："我常常认为大学录取过程是'艺术性高于科学性'的过程。大学必须要录取达到学业要求的学生，但自此之后，招生就是组建包括不同背景的一届学生，以此完成大学的教育任务，丰富大学校园氛围。后面的这个过程常常又带有主观性。尽管如此，我们还是认为有一些非常强的指标可以作为我们评价学生素质的标准，学生也可以通过努力使之更趋完善。"

这些理念和理论都没错，但它们会引起错觉。最严重的错觉是，美国大学招生不看重学习成绩，只看重非智力因素。一些人因此鼓吹，中国大学也应当招收一些学习成绩不高但其他方面素质很优秀的学生。恰恰相反的是，美国顶尖大学招生时的首要标准就是学业成绩，只是这个成绩并不仅仅指 SAT 或 ACT 的成绩而已——那也只不过是因为，大量实证研究表明，SAT 和 ACT 等入学成绩与大学一年级的学习成绩相关性较小。实际上，在最近的 20 年里，高中课程和成绩、AP 课程以及 SAT（ACT）成绩在美国大学招生中的重要性始终位居前三位。

既然如此，美国大学招生为什么还要实行综合素质评价呢？除了显而易见的非智力因素的重要作用之外，是否还有其他同样甚至更为重要的影响因素呢？

美国是世界上实行大学招生综合素质评价的典型国家，也是一个实用主义哲学盛行的国家。美国人在做任何一件事时，都会追求明确的目标和实际效果。只不过，其效果有短期和长期的区别而已。实际上，综合素质评价是和美国社会结构的变迁、美国大学的发展,特别是美国大学招生的历史进程紧密相连的。脱离了这些历史文化背景,我们就不可能完整、准确地理解综合素质评价在美国大学招生中的地位和作用。

美国大学招生并非从一开始就实行综合素质评价。20世纪以前的美国大学招生毫无章法和规矩可言,入学标准只有一个:钱。那时的大学,只面向权贵和有钱人的子弟开放,穷人家的孩子是没有能力接受大学教育的。这一点源于当时美国大学的定位和高等教育的目标。哈佛大学、耶鲁大学和普林斯顿大学等殖民地时期建立的大学,建校初期的主要任务是培养牧师。因此,大学录取学生的学业标准是学生能够阅读古典拉丁语,毕业要求是学生能用拉丁语阐释《旧约全书》和《新约全书》。在此后的大约二百年里,也就是从17世纪中期到19世纪中期,美国大学的任务主要集中在教学上,授课内容则包括修辞学、语法、数学和古典语言等。显然,这些课程都是面向有钱人的。穷人家的孩子连温饱尚且解决不了,哪里还谈得上运用拉丁语去阐释经典呢?

耶鲁大学

然而,伴随着美国大学的办学任务逐步由教学科研向社会服务的演化,特别是新工业革命的飞速发展创造出了无数就业岗位,只有接受过高等教育的精英才能承担,而权贵和有钱人的生育速度和能力远远无法满足这样的需求,必须要吸收新的社会阶层进入大学。有钱没钱容易区别,对于那些没钱的学生,又该如何区分谁可以进入大学而谁不行呢?考试制度由此而生——大学通过入学考试成绩来录取学生。然而,新的问题出现了。那些家庭经济条件优越的学生,可以凭借从一出生就享有的优质教育资源而在考试中遥遥领先。单纯依赖考试成绩入学会形成新的等级制和世袭阶层,从而引发社会动荡。特别是二战之后风起云涌的民权运动,使大学招生的公平公正成为一个全社会广泛关注的问题。为了应对和缓解日益严重的社会压力,美国大学才设计出一套全新的招生录取办法,不完全依赖考试成绩,还要参考成绩之外的其他素质,特别是关注申请学生的家庭背景和接受基础教育的环境与条件,寻找社会弱势群体的潜在优势。这就是综合素质评价的由来。只有通过这一方式,大学才能把那些由于出身条件限制而无法在考试中取得优异成绩,但其自身又的确非常优秀的学生录取进大学校园。

真正迫使美国顶尖大学建立招生综合评价体系的重要社会因素是美国历史上的"反移民运动"和解决所谓"犹太人入侵"问题。早在第一次世界大战之后,大批东欧的犹太人如潮水般涌入美国境内。由于犹太人历来重视教育,他们在考试中往往遥遥领先。单纯依赖考试成绩作为大学录取的唯一依据,就会导致校园内的犹太人数量过多。事实上,在20世纪20年代,哥伦比亚大学的犹太人比例曾经高达40%,以致有人悲叹,"犹太人已经毁了哥伦比亚"。在优质教育资源有限的情况下,犹太人多了,其他族裔的人就少了,特别是挤占了传统的WASP(白种盎格鲁·撒克逊人)的入学资格。"如果不加以认真对待,WASP精英可能最终会选择放弃一所大学。"在这种情况下,哈佛、耶鲁和普林斯顿等顶尖大学开始放弃以客观考试成绩为招生录取标准的传统,而代之以实行一种以主观评价"个性和品行"——这些"个性和品行"被认为是犹太人所缺乏但几乎所有高层次的新教徒都具有的品质——为标准的录取办法,同时保留了在录取未通过考试的学生时所需要的自由裁量权,从而有效地抵御了"希伯来人入侵"。事实上,在最近的一百多年里,美国大学的入学决定到底是如何做出的,这既是一个核心机密,同时也非常敏感。除了招生委员会的成员外,外人无从得知,大学也无需对社会做出解释。当然,所有这些做法都掩盖在非智力因素对人的成长成才具有至关重要的作用等"高大上"的合法理由之下,也并非所有顶尖大学都采用了这一体系。实际上,美国最著名的公立大学加州大学伯克利分校直到成立一百多年后的2001年才开始实施目前的综合评价录取制度。这只不过比中国大学开始自主选拔录取改革的时间早了仅仅两年而已。

哈佛大学

时至今日,这套盛行于美国各顶尖大学的招生综合评价系统依然残存着当初应对"犹太人入侵"的历史印记,但随着时代的发展,它凭借着当初设计者植入其中的自由裁量权和模糊性(往往无法量化),赋予了美国顶尖大学充分的自由,让它们能够通过决定录取或是拒绝学生的行动来更有效地回应外界环境的变化。更为重要的是,上述因素往往交织在一起,不会截然分开。在实际操作过程中,没有哪一所大学的哪一个人会有意识地区分到底是哪一个因素对最终录取产生决定性作用。近年来,随着越来越多的中国学生申请美国大学,我们对美国大学招生的体制也有了更多的了解。但我们看到往往只是美国大学招收国际学生的情况。实际上,美国大学招收国际学生和本土学生的办法和标准是完全不同的,正如中国大学招收留学生和国内学生的标准和办法也不一样。美国大学招收国际学生的根本目的是为了增加生源的多样化。所以,越是表现出和美国本土学生不一致的中国学生,就越容易被录取。如果一致了,它怎么还会有兴趣呢?本土学生的数量已经足够了。

美国顶尖大学招生实行综合素质评价的历史、文化和背景与中国完全不同。我们不能拿美国已经发展了一百多年之后的情况作为参照系。今天我们所面临的严峻挑战是,在完全以高考分数为唯一录取依据的情况下,学生的创造力和创新精神正在被扼杀,价值观及美育、体育教育正在被边缘化,以及由于城乡基础教育水平的差异,家庭经济条件正在决定着新的不平等的入学机会,等等。因此,中国大学实行招生综合素质评价的出发点和落脚点,必须立足于我们当下所处的时代和所面临的问题,有针对性地设计新的综合评价体系。如果不能深刻地意识到这一点,只是简单地移植美国大学招生综合素质评价体系,非但不能解决原有的问题,还可能引发更多的复杂问题,从而陷入"越改越乱"的境地。那样的话,还不如不改。

2014 年 12 月 26 日午后初稿于北京大学经济学院
2014 年 12 月 29 日定稿于倚林佳园

美国大学招生如何进行综合素质评价？[①]

美国是世界上实行大学招生综合素质评价的典型国家，几乎所有的顶尖大学都采用了这套已经运行长达一个世纪之久的招生录取制度。每年，有意愿的学生向大学提出申请，大学招生机构审核其申请材料并进行综合评价，最后由招生委员会做出录取或拒绝学生的决定。一般说来，该决定不依赖于某一具体标准，而是根据对申请学生的总体判断投票而定。对于社会公众来说，大学招生录取的标准是什么？最终决定是如何做出的？尽管有一些零星资料和招生咨询顾问的介绍，但总体而言，这些都是大学的核心机密，既不对外公布，也不负责对公众做出解释，即使公立大学亦然。这一点受到美国联邦和各州法律的严格保护，除个别例外，公众对此也并无特别兴趣——美国人普遍没有非哪所大学不上的情结。学生即使被这所大学拒绝了，也可以选择其他大学。在上一篇文章《美国大学招生为何实行综合素质评价》，《中国青年报》2015年1月5日第10版）中，我曾详细介绍了这套招生录取制度的由来。那么，在实践中各大学到底是如何具体运行和操作的呢？

目前，美国顶尖大学主要采用了两套申请系统。一套是加州大学自行开发的"综合评价申请系统"；另一套是除加州大学之外其他大学使用的"通用申请系统"（The Common Application）。在综合评价指标体系设计上，两套体系大同小异，主要包括：个人信息、家庭背景（特别是父母受教育状况）、教育经历、所修课程及成绩、入学考试成绩、课外活动和作文，等等。可以说包罗万

[①] 本文发表于《中国青年报》2015年1月19日第10版，题目为《美国大学招生综合素质怎么评》。

象,无所不有。与"通用申请系统"相比,加州大学"综合评价系统"最重要的特点在于,在高中的支持配合下,它构建了非常强大的所谓"门户"(Doorways)的高中课程信息网站。该网站也可以被视为加州大学申请系统的组成部分,它不仅为学生提供了填写加州大学所要求课程(A—G课程体系)的官方信息,也为大学申请系统提供了课程识别和认证信息。更为重要的是,它还具备多项附加性功能,特别是可以在经过标准化处理后的不同学生成绩之间进行比较,从而极大地提高了大学招生综合评价的效率。

　　需要强调的是,尽管申请系统所提供的学生信息大体相同——视具体情况而定,大学有时也会要求学生提交补充材料——但这些信息所代表的含义,以及每一项指标体系下更为细分的子指标体系构成,特别是后续阶段进行综合评价时的算法,却是由各大学招生机构自行判断和设计的。也就是说,每一所大学根据自身人才培养的特点和需求,有针对性地解读这些信息背后的丰富内容,从而形成了美国大学千变万化、各具特色的招生录取模式。即使面对同一个学生提供的申请材料,不同大学也可能做出不同甚至大相径庭的评价。

耶鲁大学

鉴于美国高等教育的复杂性，企图对美国大学招生综合评价进行全面解读几乎是不可能的。根据我们对美国研究型大学本科申请及招生评价指标体系的研究，概括说来，这一招生综合素质评价体系具有五个鲜明特点。

第一，学业成绩是大学招生的首要标准。这个事实和许多中国人的认识相反。人们往往认为，美国大学招生并不看重学习成绩。君不见，多少SAT满分的学生照样被哈佛、耶鲁等顶尖大学拒绝？哪像中国大学为了几个所谓的"状元"打得头破血流？实际上，这是对美国大学招生综合评价体系最大的误读。美国顶尖大学的确不太看重入学考试成绩——满足一定分数标准即可——但它们非常看重学生所修习的中学课程的数量、质量和成绩，特别是大学先修课程（AP课程）。这是因为，大量专业化的实证研究表明，在影响大学新生一年级学业成绩的各项因素中，中学课程和AP课程的成绩居于最重要的地位，而入学考试成绩的相关性则不显著。在最近的20多年里，美国大学招生学会每年在选定的一部分大学中对招生评价指标进行大规模调查分析。根据2010年的调查结果，约有95%的大学认为中学课程成绩非常重要或者重要，在所有评价指标的重要性中位居第一，认为不重要的大学仅占所有被调查大学的1.6%；此外，与中学课程有关的指标，如课程组合、所有课程成绩，在指标体系中的重要性分列第二位和第四位，其中"非常重要"和"重要"两项的回答比例之和高达90%。与之相比，入学考试成绩的重要性只排在第三位，而且其作用正在逐年走低。在一定程度上，这也是迫使美国大学理事会对SAT考试进行重大改革的原因之一。

第二，大学招生和中学基础教育的衔接极为紧密，主要体现在三个方面。一是学生不会拿出专门时间复习备考，从而有效避免了高等教育和基础教育的割裂。由于大学招生实行综合素质评价，再加上入学考试成绩对于录取的影响力逐步下降，美国中学普遍不进行针对考试的大规模重复性训练。在高中最后一年，学生的时间和精力主要花在对大学及其学科的了解和准备申请材料上。这本身就是教育过程的重要组成部分。二是教学和学校教育的连贯性。由于中学普遍实行走班制，教学特别是AP课程教学主要采取大学教学方式，只不过在内容的广度和深度上有差异，学生很少面临上大学之后的适应性问题,从而有效保证了基础教育和高等教育的连续性。三是学生顾问制度(counselor)。学生从入学的第一天起,就会被配置一个学生顾问,其工作内容主要是指导学生选课、联络家长、心理辅导,等等。其中最重要的一项是,帮助学生了解自己和大学,指导学生申请适合自己的大学和专业。越是质量高的中学,顾问的数量越多,负责管理的学生数量越少。有些学校每周还会开设专门的顾问课程。学生顾问必须接受过专业训练,具备心理学、教育学等相关学科的知识背景,对学生的特点和状况非常了解。在对学生进行综合评价时,大学非常重视学生顾问的意见。许多大学所要求的推荐信中,必须有一封来自学生顾问,其重要性往往超过任课教师。

第三,有效实现了公平和效率的统一。每一所大学都希望招收优秀学生。但优秀的定义是什么?仅仅是指学习成绩优异吗?美国大学并不这样看待问题。大量实证研究结果显示,学习成绩往往和学生的家庭背景及成长环境密切相关。有些学生成绩不高,不是因为他(她)们不优秀,而是因为缺少条件,没有机会学习相关内容。只要提供机会和条件,他(她)们同样会取得优异成绩,甚至可能比那些家庭条件好的学生更加优秀。因此,如果单纯依赖考试成绩作为大学招生录取的唯一依据,那么社会就将被世袭制和等级制所替代。为了解决这一问题,大学必须在招生录取过程中,针对那些家庭经济条件较差的弱势群体设计出对他(她)们有利的项目。大学招生不仅要看学生的成绩,还需要了解这些成绩是在何种条件和环境下生成的。例如,面对在富人区长大的学生 A 和在穷人区长大的学生 B,A 所在的中学开设了 10 门 AP 课程,但 A 只修习了其中的 5 门;B 所在的中学开设了 5 门 AP 课程,但 B 全部选修了。那么,许多大学很可能会录取 B 而不是 A,因为它们认为 B 在艰难的条件下把握住了所有的有限机会,但 A 却不是这样。如果没有综合素质评价的话,B 是不可能被录取的。

目前,中国解决这个问题的主要途径是实行配额制,即通过"逆向歧视",为贫困地区的学生分配专门的招生名额。配额制曾经在美国大学招生中短期实行过,但很快被迫废止。主要原因是,在对歧视问题高度敏感的美国社会,配额制很容易引起法律上的争议;另一方面,单纯根据地区和家庭经济条件进行配额而没有进一步的深入分析,大学很容易录取到不符合标准的学生,反而会将其置于另类和痛苦的境地。但如果进行综合素质评价,大学就比较容易考察学生成绩不高的内在原因,的确可以把那些家庭经济条件不好但本身优秀的学生选拔出来。比如,美国大学很看重学生所在的社区和中学。学校差一点没关系,关键是学生在困难的条件下是否最大限度地发挥了自己的潜能。还比如,美国大学很看重学生父母是否接受过大学本科教育。如果是家里第一代大学生,往往会受到额外的关注。再比如,美国大学对学生中断学业的情况非常敏感,特别是,学生是在何种情况下中断学业,又是如何接续的。应当说,综合素质评价所提供的信息要比简单的配额制丰富得多。

第四,招生工作人员的专业化和职业化。这也许是中国大学和美国大学相比最大的差距所在。至少到目前为止,所有中国大学的招生工作人员都是非专业化和非职业化的。非专业化是指除个别例外,几乎没有人具备和招生有关的专业知识,普遍没有接受过专业训练;非职业化是指招生只是招生工作人员职业生涯中短暂的一段经历,所有大学的招办主任在工作几年后必须转岗,基本上没有人终身从事招生工作。在涉及招生的全部工作人员中,绝大多数并不以招生为职业,招生只是他(她)们的副业或是对大学所尽的义务。但在美国,招生是一门融心理学、教育学、统计学、测量与评价等多学科为一体的交叉学科,招生人员必须具备相关学术背景。如果不具备相关专业知识,则必须接受专业化训练才能上岗。在每年招生季开始之前,各顶尖大学都会对招生工作人员进行为期2—3周的高强度专业培训。由于热爱招生事业,许多人甚至终身以招生为职业。

美国大学招生专业化的另一个重要体现是,最终录取决定一般由专业人员做出。教授虽然在招生过程中发挥一定作用,但录取与否的决定往往倚重专业招生人员的意见,有些大学甚至完全排斥教授的参与。这是因为,许多大学认为,和研究生招生不同,本科招生更看重的是学生和学校价值观与文化的匹配度,以及日后的发展潜能。在这种情况下,教授本身的学术背景和偏好反而有可能干扰他(她)做出正确选择。

第五,作文是影响大学招生人员做出判断的重要因素,尽管不是唯一的决定性因素。一般来说，美国大学会要求学生提供两篇短文，介绍自己的情况，有些大学也会给出具体的题目。大学可以通过作文来考察学生的思维和看待问题的观点，也以此来了解学生在真实世界中的生活，特别是他（她）们如何克服生活中的实际困难。经验丰富的招生人员往往善于从作文中发现适合的学生，并有能力判断真假。由于作文在大学招生中的重要作用，美国学生从很小的时候就开始训练自己独立表达观点的能力，阅读和写作水平相对较高。这一点尤其值得中国大学招生时借鉴。目前，中国学生作文"假大空"的弊端令人深恶痛绝，语文教育的实际状况堪忧，最根本的原因恐怕在于作文并没有和他（她）们的真实生活产生实质性的联系。

  美国大学招生综合素质评价制度对于基础教育的走向产生了重要影响。在这套招生录取制度的引导下，中学普遍能够按照教育的内在规律去组织教育教学活动，学生发展比较全面均衡。这一点对于从根本上纠正中国基础教育"应试训练"倾向有着尤其重要的启示。当然，美国大学在实行招生综合素质评价的过程中也面临一系列挑战。实际上，它并不完美。如果我们能从中汲取有益经验，结合中国教育的实际情况，设计出具有中国特色的大学招生综合素质评价体系，对于中国教育的未来发展而言，无疑将产生积极而深远的影响。这恰恰是新一轮考试招生制度改革的目标和方向。

2015 年 1 月 2 日午后初稿于北大经济学院
2015 年 1 月 13 日午后定稿于广州飞往北京的 CA 1316 航班

第二部分 大学与教育

本科教育的核心[①]

1952年全国院系调整以后,按照计划经济体制的内在要求,中国的大学被分解、重组以及新建为三大类型。第一类是根据"赶超型"国民经济战略布局和工业化建设需要,改组或新建了一批纯粹的工科院校,如清华大学、浙江大学以及各类建筑学院、水利学院、煤炭学院、钢铁学院、重型机械学院,等等。这些大学原有的文科和理科专业要么并入其他大学,要么成立独立的专门学院。它们被称为"工科大学"。第二类是原民国时期延续下来的综合性大学。和第一类恰好相反,它们保留了自己的文科和理科专业,并吸收了其他大学的文科和理科专业,同时,将自己原有的工科、医科等专业分离出去。比如,北京大学、武汉大学,等等。它们被认为是"综合大学"。第三类是纯粹的文科院校,比如,中国人民大学、北京政法学院(中国政法大学前身),等等。在以重工业建设为主导的计划经济时代,除了极个别的大学之外,它们普遍没有受到重视,有的甚至在"文革"时期一度被撤销。

院系调整后的大学全部采用苏联高等教育模式。这一模式在教学上的主要特征是:(1)实行以系为单位的教研室管理体制。专业被划分得很细;教研室编写统一的教材甚至教案;教学方式主要是老师讲,学生听,课后完成作业并参加考试。这种教研室体制甚至向下延伸到中学和小学。(2)人才培养的目标是"又红又专"。所谓"红",是指学生的政治信仰坚定,主要通过思想政治课程和党团组织予以保证;所谓"专",是指学生的专业能力过硬,能够满足工

[①] 本文删节版发表于《中国科学报》2014年5月29日第7版,题目为《本科教育何谓核心》。

业建设对专业化人才的需求。这种模式要求把每一个学生培养成对党忠诚的工业化生产线上的"螺丝钉"。一个人在大学里学什么专业,毕业后就进入相应的行业从事专业性技术工作,直至退休,中间很少会发生变化。在建国初期特定的社会、历史条件下,按照苏联模式建立起来的这套"高等教育工厂"体系,迅速改变了旧中国不能培养大批配套工程技术人员的落后状况,为工业建设和科技发展奠定了基础,培养了一大批专门人才。与此同时,这一模式内生的教育理念、思想和方式在中国教育界根深蒂固,直到今天仍然产生着深刻影响。

湖南第一师范学院

20世纪90年代后期以来,特别是在北京大学百年校庆之后,在建设世界一流大学的进程中,我们发现,这套源于苏联计划经济体制的高等教育模式越来越不适应时代的发展和社会主义市场经济的要求,甚至成为大学实现跨越式发展的阻力。因此,经过半个世纪的分离,那些原来被调整、分解的大学又纷纷走向合并,按照世界大学的通例,重组为新的综合性大学。同时,在人才培养方面,参照美国大学的模式,开始在本科阶段实行"General Education"

（通识教育，也译为"博雅教育"）。北大最早迈出了这一步，复旦和浙大则进行得比较彻底，成立了独立的本科生院。

新的本科教育模式和原有模式形成了显著区别。首先，在招生和培养上，新模式不再强调细分的专业教育，而更强调基础。招生时按照学科大类招生，学生在一、二年级不分专业，学习通识课程和基础性课程，三、四年级再进入具体专业，学习宽口径的专业课程。北大对此的概括是"强化基础、淡化专业"。其次，人才培养的目标不再是按照工业化生产线要求定制的标准化的"现成专家"，而是更加尊重学生的兴趣、个性和选择，增强学生适应快速变化的外部世界以及探索未知世界的能力，将他们培养成为更具适应性和创新精神的领军人物。最后，教学方式更加灵活多元，逐步摒弃演讲式的大课，代之以讨论为主的"小班教学"以及实践教学、双语教学，等等，增强人才培养的针对性。

然而，建立在激动人心的新理念基础上的本科教育模式在实践中却推行得异常艰难。最早迈出步伐的北大，在经历了最初形式上的快速变化之后，至今在是否组建本科生院的问题上疑虑重重。历经十年探索的"元培学院"仍然处于进退维谷的境地，尚未形成稳定的教育教学模式，并且不断遭到专业院系强有力的挑战。至于走得更远的复旦和浙大，改革最为彻底，然而遇到的反弹也最大，近期似乎又有朝着专业化方向回潮的迹象。其他大学在"通识教育"问题上的思想并不统一，更难见实质性的行动。

问题的根源首先在于苏联教育模式下的专业化思想根深蒂固。在许多教授、家长、学生和其他社会公众看来，不强调专业化似乎就意味着学生没有学到什么实质性的东西，大家心里都没底。企业和社会需要的是能够一上手就干活的人，没有人有耐心去等待。一个在大学里接受了严格的专业训练的"现成专家"和一个没有接受严格专业训练的"未来领导者"在大学毕业求职时的竞争优势是不一样的，前者的短期优势可能更为显著。特别是在急功近利的功利化思想驱动下，那些有用的和看得见的技能比起"无用的"和看不见的素质显得更加真实可信。因此，即使是北大这样一所最强调通识教育的综合性大学，也不得不在高年级强调专业训练的系统和扎实。

另一个关键性的因素是本科课程设置。新模式下的通识教育课程效果并不尽如人意。我认为,我们对"General Education"的理解有偏颇之处,这很可能是因为其中文译名"通识教育"的缘故。在中文词汇中,"通"和"专"是相互对立的。因此,被称为"通"识教育的课程很容易和"专"业化教育的课程对立起来,进而容易把"通识教育"理解为扩大学生知识面的泛化教育。由此形成一个认识逻辑:"通识教育"＝开拓学生视野＝知识普及性课程。一旦"通识教育"走上这一逻辑,那么,在此名下的五花八门的知识介绍性课程、学生缺乏识别选择能力以及对专业技能的迷信与对未来就业时缺乏技能的恐惧结合在一起,很可能会形成灾难性的后果:面对琳琅满目的课程表,学生像无头苍蝇一样摸不着头绪,在各个课程之间疲于奔命,一学期下来却依然觉得空虚和茫然,似乎没有学到什么让自己心里有底的专业技能。在这种情况下,如果就业单位进一步强调毕业生的专业技能,将会进一步加剧学生对通识教育课程的失望。这是目前各大学通识教育模式受到质疑乃至反弹的重要原因。

关键在于我们应当怎样理解本科教育？我认为,通识教育并非一定和专业化教育相对立——世界一流大学的一些通识教育核心课程的难度和专业精度相当高,但一定和苏联的"教育工厂"模式相对立。新模式的核心和生命力在于,不再把受教育者看成是为了完成某项工作而被训练的工具,而是把受教育者看成是主动探索世界的主体。教给学生的不是过去的知识,而是培养他们处理未来复杂事务的能力,使他们在接受教育的过程中不断完善自我,认识社会、世界和自身,从而成长为一个对社会有所贡献而非反社会的公民。

从这个意义上说,美国大学的"General Education"的本质是价值观教育。也就是说,学生在本科学院接受了两年的"General Education"之后,他基本上能够学会正确的思维方法,养成良好的阅读习惯,形成对外部世界和自身的理解与认知,明确自己和社会的关系,由此确立终身不易改变的价值观。对于那些在长期的历史发展中形成了独特价值观传统的顶尖大学来说,"General Education"更是其安身立命之本。例如,芝加哥大学就明确规定,凡是活着的人的言论,不得放进通识教育课程,以此来保证学生能够坚守人类社会世世代代本色生活的价值与意义。从这个角度我认为,也许把"General Education"译为"人本教育"更为合适。

这种"人本教育"课程绝不意味着要让学生去接触尽可能多的知识,即所谓"天文地理,无所不知,三教九流,无所不晓"。现代社会已经发展到如此复杂的程度,我们怎么可能指望学生在短短两年时间里就学完所有他(她)想要学习的东西呢?因此,只能要求他们在短时间内掌握学习和思维的方法,构建起知识体系的整体观,使他们在大学毕业之后依然能够保持学习的兴趣,获得终身持续发展的不竭动力。"人本教育"课程并非是将一个一个专业的课程拼凑在一起,而是必须打破专业院系之间的"墙",在更加宏观更加综合的意义上重新设计新的课程体系,力求使学生在完成这些必修课程之后,能够基本确立自己的价值观。这样的课程可以有很多,但每一个学生也许只需要完成他(她)最感兴趣的一小部分即可。课程的难度同样可以很高,专业性也可以很强。同时,绝对不能采取几百人上大课的形式——这恰恰是当前最受学生欢迎的"通识课程"普遍出现的情况,而必须采用"小班教学"的阅读经典原著和讨论班形式。因为这一类课程的目的并不在于要求学生去记住需要他们学习的前人已经积累沉淀的知识,而是要引导他们在阅读原著和讨论的过程中,练习自己做出判断,形成公开讨论的习惯,获得远比具体知识更为可贵的分析能力和洞察力,从而使他们能够在未来的岁月里独立做出自己的明智决定和取得更大的成就。当然,要真正实现这一目标并不容易,需要有巨大的资源投入,而这些投入在短时间内根本看不到任何效应。这也许是当前中国大学本科教育面临的最根本的挑战:大学,愿意去做这样的事情吗?

2014年2月4日初稿于 Stanford University
2014年3月13日定稿于 Oak Creek Apartments

重新认识研究型大学[①]

如果从意大利的博洛尼亚大学开始算起,世界上的大学已经诞生了接近一千年[②],但研究型大学的提法却是相当晚近的事情。近年来,国内大学纷纷提出以高水平的研究型大学为发展建设目标,但对于究竟什么是研究型大学却莫衷一是,由此也造成了一些认识上的误区。我认为,这些认识可能正在损害处于快速发展中的中国大学。

第一个认识误区是,研究型大学的主要任务是科研而非教学,或者说科研是第一位的,教学是第二位的。

据说,这一认识以美国研究型大学为参照物。哈佛大学、斯坦福大学、普林斯顿大学这些蜚声世界的一流学府,无一不是凭借其推动人类文明进程的科研成果而傲视全球。每一所大学所拥有的诺贝尔奖得主,比世界上大多数国家的总和还要多。更深远的思想渊源可以追溯到19世纪的近代德国。在洪堡等人的领导下,以科学研究为首要任务的柏林大学、哥廷根大学等迅速成为世界上的一流学府,并直接影响了美国大学的发展方向。因此,中国大学如果想在21世纪跻身世界一流大学俱乐部,就必须拥有若干项在全球领先的科研成果。为了尽快实现这一目标,就必须把科研置于学校发展战略的首要位置和核心位置。在这一办学思想指引下,教师的聘用、晋升和淘汰,经费的分

[①] 本文删节版发表于《中国科学报》2014年6月19日第7版,题目为《重新认识研究型大学》。《教育》2014年第7期转载,题目为《对研究型大学的两大认识误区》。

[②] 季羡林先生曾经提出过一种关于大学历史的算法,认为大学的前身可以追溯到西汉的太学,因此,中国大学的历史约有两千多年,比西方悠久得多。当然这只是一家之言,似乎赞同者并不多。

配和使用,学科的生存与发展,无一不和相应的科研成果挂钩。特别是物质、金钱和待遇的直接刺激,使中国大学逐步演变成了一个学术论文和科研成果的生产企业,教师在巨大的竞争压力下变成了被体制内在驱动的高度紧张的发文机器。其结果,除了制造出大量无人引用的论文而自我陶醉之外,并不能为大学的学术声誉带来多少正向影响。最极端的例子莫过于前些年某985高校创立的"工分制业绩考核制度",它将每一位教师的工作量(主要是科研成果)折算成"工分",以此来衡量教师的工作业绩并决定其收入和待遇。该大学迅速成为中国发表SCI论文最多的大学,在世界上也名列前茅,但并未因此被认为是世界一流大学。

斯坦福大学

这一政策的直接后果是,伴随着科研成为中心工作,教学被迅速边缘化。教师虽然名为"教"师,但没有人会在教学工作上花费时间和精力。因为教学在决定他(她)生活中最重要的事务上不发生作用,只不过是一项不得不完成的工作而已。因此,在课堂上通过朗读教材消耗完必要的50分钟后,教师会立刻离开教室,没有时间去和学生沟通交流,对他们进行培养指导。一个人的时间是有限的,用在学生身上的时间越多,用于"挣工分"的时间相应就越少。为了最大化"挣工分"的时间,就必须最小化指导学生的时间。这和教师的责任、良心和职业道德毫无关系,完全是人在某种制度下的理性选择。教学由此变成了科研的附庸。

然而,大学之所以成为大学,是因为这里有教师和学生,有教学活动。没有了学生和教学,就不需要大学,只需要有科研机构就可以了。如果只是追求科研成果的产出,它们同样可以做出一流的成果。大学存在的根本价值在于教育,在于培养人才。大学里的科研之所以有价值,不是因为别的,主要是因为它们对人才培养有价值,同时,教学反过来又促进了科研的发展。因此,对于大学来说,不是教学要为科研服务,而是科研要为教学服务。

第二个认识误区是,研究型大学主要以培养研究生为主,或者说,研究生数量要超过本科生数量。

这个认识同样以美国的研究型大学,特别是私立研究型大学为参照物。的确,哈佛大学、斯坦福大学、芝加哥大学这些蜚声世界的一流学府,无不拥有强大的研究生院,其研究生数量也普遍多于本科生。然而,这只是一个结果,而且是仅就私立研究型大学而言,公立研究型大学就不是这样。

为什么会出现这种现象呢?主要原因是私立大学的教授在科研工作中需要大量的助手,研究生由于使用成本低廉的优势成为不二选择。再加上美国私立大学研究生院的声誉,吸引了全世界最优秀的学生。成本低,效益好,由此诞生了世界上最富有效率的科研生产机制。同时,美国私立大学的本科教育是高度精英化的教育,其规模必然是小的。事实上,美国最好的本科学院的规模都很小,但是培养质量很高。这是私立研究型大学研究生数量超过本科生数量的根本原因。但公立大学恰好与此相反。它的使命首先是为州内的纳税人服务,提高本州人民的素质,因此,它必须要招收足够规模的本科生,以满足本州人民对本科教育的需求,研究生的数量反而不一定大。例如,加州大学伯克利分校是世界上最好的研究型大学之一,但由于它是公立大学,因此本科生有25 000多人,研究生只有10 000多人,不到本科生的一半。与之相比,哈佛大学的研究生有14 000多人,而本科生只有6 000多人,研究生是本科生的两倍多。

目前,中国大学普遍形成了一个公式:研究型大学＝强大的研究生院＝研究生数量多于本科生数量。在经历了多年的本科生扩招之后,开始大规模扩招研究生。在很短的时间里,研究生数量远远超过了本科生数量。之所以出现这种现象,缓解本科生就业压力固然是一个方面,但上述认识上的误区恐怕也是原因之一。

这一办学思想的直接后果是,中国大学的本科教育质量出现严重下滑,从而损害了中国本土人才培养的竞争力。大学是一个统一体,其资源是有限的。研究生规模过大,必然会占用本科生本来应该享有的教育资源,导致本科生教育投入不足。另一方面,由于本科生教学被边缘化,使得教师更加不重视本科生教学。如果要排序的话,在教师心目中,科研是第一位的;因为科研工作需要大量的助手,教师不得不对研究生进行悉心指导,否则会直接损害科研工作的质量和效率。由此导致的结果是,研究生教学又排在本科生教学之前。在这种逻辑下,本科生教学被置于最次要的地位,学生实际上处于放养状态。今天,当人们在不断抱怨本科生就业压力大,无法满足社会需求,研究生相当于过去的本科生时,却忘记了一个基本的事实:20世纪80年代的教师因为没有科研的压力,研究生数量极少,因此可以把主要精力都放在本科生教学上,从而保证了本科生的培养质量。

对于本科生来说,一方面,高考前的大规模重复性训练严重损害了学生的学习兴趣,导致学生进入大学后普遍处于放松状态;另一方面,因为整个社会不重视本科生教育而重视研究生学历,导致学生进入大学后考虑的主要不是如何去接受更好的教育,而是怎样努力去找到一个好工作,或者从一开始就准备考研或出国。由于不受重视的本科课程不能适应社会和学生自我成长的需求,再加上本科课程的成绩在报考研究生中并不起作用(保送研究生是一个例外,但能够获得保送的毕竟是少数,考研分数才是最关键的),学生对课程的态度自然也不认真,只要修满学分,考试及格即可。至于一门课程究竟在学生的教育中起到了什么作用,能够给学生带来多少有益的帮助,并没有人去认真关心。我们常常看到一些并不知名的学校的学生可以在研究生入学考试中获得很高的分数,却不具备实际的研究能力,原因就在于此。

因此,和人们的预期相反,大规模扩招研究生的结果并没有相应提高研究型大学的研究质量,反而降低了研究生学历的含金量。一方面,规模扩大以后,教授实际上无力指导如此规模的研究生,导致质量下滑;另一方面,研究生教育是高度专业化的教育,适应性相对较弱,社会实际上也吸收不了如此规模的专业化人员,导致人们对研究生的评价进一步降低。教育是一个统一的、相互影响的整体。片面强调了某一方面,将会产生一系列连锁反应。社会过于强调研究生学历的结果,使得教育过程变成了一个不断为更高阶段的考试进行准备的过程,却丧失了教育本应具有的基本功能。当教育变成了考试的时候,每个人都在经历考试的过程,却没有因此而受到更好的教育,实现更大的进步。这也许是当前中国教育面临的最严峻的挑战之一。

上述两种认识的效应交织在一起,正在损害中国大学的长远竞争力。实际上,中国大学之所以特别重视科研和研究生教育而忽视本科生教育的根本原因在于,前者最容易在短期内显现标志性成果,可以用显著增长的数字变化来展示发展成果,但本科生教学是费力不讨好的工作。费了很大的劲儿,投入了很多资源,却看不出有什么新的思想、创新之处和标志性成果,学生还不见得一定会赞同,因为他们可能需要相应付出更多的努力。然而,正如洪堡所预言的那样,大学的伟大功效须在25年后方能看到。办大学只能依靠良心,去扎扎实实地做应该做的事情。

和中国大学恰恰相反,世界一流大学无不对本科生教育给予高度重视。在芝加哥大学一百多年的发展过程中,也曾经出现过科研和教学之间、本科生和研究生之间关系的争论,但最终形成的结论都是:教学是第一位的,本科生是第一位的。二者统一起来,就是本科生教学是第一位的。

为什么美国研究型大学反而把本科生教学摆在第一位呢?因为他们认为,本科生教育是博雅教育,这也是培养、塑造一个人价值观的重要时期。他们必须在这一阶段把自己的价值观植入本科生的内心,使之成为学生终身不弃的宝贵财富。只有这样,当他(她)们毕业、取得成就之后,才会感谢大学的培养,也才可能反过来对母校给予捐赠——这是私立大学的财政来源。而研究生教育更多地体现为技术性的专门化教育,虽然也要重视,但地位毕竟不如本科生重要。打一个比方来说,本科生好比亲儿子,研究生好比干儿子。同样是儿子,感情却大不一样。

深入研究美国顶尖研究型大学的发展历程,可以看到,在对研究型大学的理解上,我们可能把结果当成了原因。研究型大学之所以被称为研究型大学,只是因为它主要以研究问题、探求真理为目标。研究是它的存在方式,既不表明它有多么高贵,也不表明它是所有大学都要效仿的目标。对于大学来说,本科人才培养才始终是它的核心使命。

2014 年 2 月 10 日初稿于 Stanford University
2014 年 3 月 11 日定稿于 Stanford University

建设世界一流大学的三个阶段[①]

如果从1998年江泽民同志在北京大学建校一百周年庆典上宣布启动"建设世界一流大学计划"(俗称"985"计划)算起,以北大、清华为代表的一批中国最好的大学在建设世界一流大学的进程中已经不懈奋斗了15年。15年来,中国的高等教育特别是顶尖大学的建设取得了举世瞩目的成就。15年前,中国最好的大学在世界大学之林中徘徊在200名左右;15年后,北京大学已经稳定地位于40多名,清华大学约在50名左右。15年前,在尖端学科中,北大、清华还不足以与世界上最好的学科进行对话;15年后,北大已有18个学科进入全球研究机构的前1‰,其中化学等5个学科已经进入全球前1‰。

回顾15年来所走过的道路,在如何建设世界一流大学的问题上,我们曾经有过三个阶段的认识。

第一个阶段是研究什么是世界一流大学,成为世界一流大学的标准是什么。经过一段时间的争论,人们发现这个问题其实很难回答,特别是量化的标准更是难以界定清楚。实际上,一所大学究竟是不是世界一流大学,更多地体现为专业和非专业人士心中的一个模糊性评价,尽管这种主观评价是建立在一系列客观事实基础之上的。

既然标准难以界定,于是进入到第二阶段:先不纠缠标准问题,按照目前公认的世界一流大学(如哈佛大学、牛津大学等)的样子,从眼前的工作开始干起,边干边学,边建设边摸索。

[①] 本文曾发表于《中国科学报》2014年7月3日第7版,题目为《建设世界一流大学的三个阶段》。

首先，几乎所有的人都认为，建设世界一流大学必须要有钱。哈佛大学、斯坦福大学等顶尖大学，拥有数百亿美元的基金会，每年的办学经费高达几十亿美元。即使是香港的大学，办学经费也达到了几十亿港币。相比之下，北大、清华每年从中央财政获得的拨款只有一亿多元人民币，维持运转尚显困难，遑论建设和发展了。幸运的是，伴随着中国经济在21世纪初期的飞速发展，办学经费是最早得到解决的问题。在中央政府和社会各界强有力的支持下，今天北大、清华的年度经费也达到了几十亿元人民币。虽然和世界一流大学相比仍然有较大的差距，而且使用并不合理，但总算是走过了勒紧裤腰带的阶段了。

哈佛大学

有了一点钱之后，大家发现，光有钱是办不成世界一流大学的，正如暴发户不等于贵族一样。中国大学如果想进入世界一流大学俱乐部，手里必须要有一点"硬通货"。这些"硬通货"是什么呢？比较一致的看法是学科建设。起初，我们对学科建设的理解是狭隘的，认为学科建设等同于学术论文，尤其是国际期刊的论文的发表数量。在这一办学思想指引下，几乎中国每一所大学都陷入了类似于"GDP崇拜"的"SCI崇拜"之中。通过改变教师聘用、晋升和待遇标准，以及要求研究生和博士后只有发表论文才能毕业或者出站等一系列措施，依靠高强度的"人海战术"，中国迅速成为学术论文发表的大国，一度超越美国成为世界第一。与此同时，每一位大学的教授、副教授、讲师和学生都变成了患有"SCI饥渴症"的发文机器。然而，当我们实现了这一目标的时候，原本以为这是一个了不起的成就，却并没有得到想象之中的尊重。问题出在哪里呢？原来，对于学术成就的评价，不仅要看论文发表的数量，更重要的在于质量，也就是论文的重要程度和引用频次。论文虽然发表了，但不能给同行以启发，别人当然不会引用，自然没有什么影响力。这远非资源投入和行政命令能够解决的问题。在国际科技论文平均引用率这一标杆面前，中国低于世界平均水平，未来还有相当漫长的路要走。也许是意识到了这一问题的严重性，目前北大等一些大学已经不再重视论文的发表数量，而是鼓励教授去潜心研究更具影响力的重要问题。

  与学科建设并行的是人才队伍建设，这是比较公认的另一个抓手。如果一所大学能够拥有一批在国际学术界有重要影响的"大师"，自然可以被认为是世界一流大学。加强人才队伍建设，一个办法是内部培养，但速度太慢，还容易导致近亲繁殖问题，将来培养出来还不见得一定会留在你这里。因此，大学普遍采用了第二个办法：外部引进。然而，引进谈何容易。起初，中国的一些大学用高薪从国际上聘请了一些名教授。但这些人要么只是利用假期在中国进行短暂的停留，要么年事已高，已经无法对大学的发展起到实质性的推动作用，其科研成果也不会计入大学名下。除了营造一些虚假的自欺欺人的名声之外，这种方式至多只起到了让国内同行开阔眼界的作用，但付出的代价不菲。因此，近年来，这些大学也逐步放弃了这一类的表面文章。实际上，世界一流大学关于人才的竞争极为激烈。"人往高处走，水往低处流"，世界上顶尖的高手就那么多人，每一所大学都在以各种优厚的条件吸引最好的教授，如果你不能满足他（她）的要求，又怎么可能指望他（她）会加入你的行列呢？反过来，如果他（她）愿意到你这里工作，当然也就证明了你的实力。大学的发展与进步,最主要的体现就是能否把某一领域的最顶尖的人才吸引进来。这其中不仅仅是金钱的力量,还有环境和氛围等一系列因素。同时,还要想方设法不让自己的人才被别人挖走。这是更加困难的挑战了。

近年来,在和世界一流大学的比较中,我们发现,除了学科建设和人才队伍建设之外,他们普遍对本科人才培养极为重视。坦率地说,在这个问题上我们走了不少弯路。起初,大家被"研究型大学"这个名词所吸引。的确,哈佛大学、耶鲁大学、MIT等,几乎所有的世界一流大学全部是研究型大学,拥有强大的研究生院,研究生数量超过本科生数量。我们由此推导出一个逻辑:世界一流大学=研究型大学=强大的研究生院=研究生数量多于本科生数量。在这一办学思想指引下,近十年来,中国各大学的研究生招生数量呈几何规模增长,有些大学的研究生数量已经达到了本科生数量的两倍之多。然而,研究生数量的急剧增长并没有带来想象中的大学的进步,反而因为资源紧张、空间有限而引发了诸多问题,特别是由于教授并没有足够的精力指导如此规模的研究生,导致学生培养质量和科研水准出现双重下降。

在第二个阶段的发展过程中,由于大学极其清晰的科研导向和研究生导向,导致大学的本科生教育普遍处于不受重视的状态。特别是本科生教学,呈现下滑速度加快的趋势。之所以出现这种状况,原因很简单:大学发展过程中的资源投入、发展方向、影响大学内部人的行动因素,全部集中到了那些可以为大学带来短期显著效应的项目上,而这些和本科生教学统统没有直接关系。大学的本科生教学之所以尚能维持,首先是因为这是大学存在的理由,不得不维持;其次是因为中国的人口基数大,优秀学生相对较多,他们的自学能力普遍比较强;最后一个原因是大学里还有一批有良心的教授,他们热爱学生,能够认真开展教学,但显然他们已经不再是大学的主流。尽管一些大学已经注意到了这个问题并努力加以纠正,例如北大通过"小班教学"方式提高本科生培养质量,但总体来说,中国大学对本科生教学依然并不重视。这也许会对中国的长远发展带来巨大的损害。

其实,中国大学在发展过程中的上述问题,特别是一些诸如教学和科研、本科生和研究生等的重要关系,在世界一流大学的发展历程中都曾经以这样那样的形式出现过,有些斗争还非常激烈。例如,以"芝加哥学派"蜚声世界的芝加哥大学,在20世纪二三十年代曾经就学校的发展方向究竟科研是第一位的还是教学是第一位的问题产生过严重的分歧。争论的结果是,确立了芝加哥大学独具特色的特征:教学。芝加哥大学由此变成了一所"Teaching University"。20世纪40年代,在究竟本科生是第一位的还是研究生是第一位的问题上,也曾爆发过激烈的争论。争论的结果是,在芝加哥大学,本科生教学的地位至高无上。学校必须把资源投入的重心放在本科生教学,特别是本科一二年级的"通识教育"上。由此奠定了芝加哥大学本科教育傲视群雄的地位。

重视本科生教学不能仅仅停留在口号、文件和号召上,必须有切切实实的投入。我认为,中国大学之所以不重视本科生教学,一个最主要的原因恐怕是,对本科生教学的投入没有立竿见影的显示度。在大学行政化倾向严重的当代中国,这一因素可能显得更加突出。在科研上投入一千万资金,可能很快能够产生出实验结果;在人才引进上投入一千万资金,也许可以吸引一个大牌教授;花一千万买一套设备,设备是可以看得见的。可是,将一千万资金投入到本科生教学上,能看到什么呢?也许,当下什么也看不到。每一任大学校长都希望在任期内有一些进步,但本科生教学的效应却往往要等到20年之后才能看到。这也许从某种程度上限制了大学对本科生教学持续投入的热情。另一个原因可能是,我们在本科生教学上还不太会投入。钱也许有,但是不敢花,也不会花。不敢花的原因是无法监控花钱之后的结果。比如,为了提高教师教学的积极性,也许应当提高授课津贴。可是提高津贴之后,就能够保证教师一定会增加教学投入吗?如何评估教师是否增加了教学投入呢?很可能的结果是,授课津贴提高了,但教学效果并不显著。因此,决策者在决定是否提高授课津贴时就会非常犹豫,更何况他将来可能面临审计等一系列问题——钱是不是花在了应该花的地方。除了不敢花之外,我们还不太会花钱。科研经费可以用来购买设备(这本身可能就是一个误区),但教学经费除了给教师发放授课津贴,还能怎么花呢?按照现行资金管理体制的规定,可以用于劳务的人头费比例极低。然而,真正意义上的本科生教学投入量可能是难以想象的。例如,世界一流大学通行的"小班教学"模式就是耗费资金巨大的项目。因为每一个小班都要配备相应的教师和助教,人力消耗极大。这个项目说起来容易,真正持续做起来必须依赖强大的资源支撑,并非每一所大学说做就可以做到的。芝加哥大学在20世纪40年代后期为本科学院的通识教育核心课程配备的教授超过了130人。我在芝加哥哥伦比亚学院(全美最顶尖的艺术院校之一)访问时,发现媒体学院的教室很有特点。学校教务长告诉我,这里所有的教室都是世界电影史上一些经典背景的再现,可以在学生创作作品时提供很多便利;摄影棚里的通风效果极好,但一丁点儿声音都没有,仅此一项就耗费了数百万美元;摄影棚的地面是激光找平的,因此不需要再单独使用滑轨;所有教室都用隔音效果极佳的玻璃隔开,目的是让别人可以看见你在做什么,因为现代电影的发展越来越依赖于从其他团队的活动中汲取灵感。所有这些富于针对性的设计都额外花费了哥伦比亚学院的巨额资金。其结果是,该学院的学生在艺术人才市场上供不应求,地位和薪水很高,而且学生在没有毕业时就可以获得美国艺术界的大奖——格莱美奖。

走过了15年的道路,现在也许我们开始进入到第三阶段:回归世界一流大学的本质,培养全球领袖人才。我们应当能够认识到,在建设世界一流大学的问题上,没有什么投机取巧的捷径好走,只能去做应该做而且必须要做的事情。沿着这条路扎扎实实地一步一步埋头走下去,也许有一天,当我们已经忘记要建设世界一流大学的时候,当我们偶尔抬头擦擦汗的时候,可能会突然发现,我们已经被认为是世界一流大学了。真希望那一天能够早一些到来。

2014年1月30日(农历除夕)初稿于Stanford University
2014年3月12日定稿于Stanford University

从"马航失联"看中国的新闻学教育[①]

"马航失联"也许是人类航空史上最诡异的事件。几个月以来,除了搜救行动之外,一个引人关注的焦点是中国媒体在此次新闻报道中令人失望的表现——失望说得还比较客气,更严厉的批评是"完败"。当然,在分析中国媒体为何表现如此疲软时,国家实力看起来是问题的根源。新闻竞争表象下是综合国力的较量。

这个答案并不令人满意。技不如人的现实,除了激发起奋发向上的斗志之外,也许还是对自己无能的一种无奈安慰,更有可能是责任的逃避。毕竟,科技创新是专家教授的事,新闻界大可不必因为技术落后而遭受批评,或许还可以因此去批评。

但就我所见而言,极少有文章因此深刻分析过我们的新闻学教育。我几乎阅读了所有公开发表的关于马航失联事件的报道,从中读到的是中国新闻学教育的缺失。坦率地说,按照中国新闻学教育的现行模式,或者说中国本科教育的现行模式,将来如果再次出现类似"马航失联"这样的事件时(我们希望它永远不会再次发生),中国媒体可能仍然逃不出集体失语的尴尬状态。

"马航失联"事件是世界新闻报道史上一个极其特殊的案例。在其他新闻事件中,要么有人会告诉你事实——真相是什么,而且总有人知道真相;要么你可以到达现场,即使是战争,你也可以在战场上向全世界报道那里到底发生

[①] 本文删节版发表于《光明日报》2014年7月15日第13版(高等教育版),题目为《从"马航失联"看中国新闻学教育》。

了什么,只要你足够勇敢和具有职业精神;要么你掌握了数据、图片和有关知识,可以通过逻辑推演还原事件可能的状态并且进行分析和评论。但这一次,什么都没有。到目前为止,没有人知道到底发生了什么,数据残缺不全,所有人面对这一事件时完全束手无策,耗费数千万美元的搜救工作被事实证明完全做了无用之功。

作为一名新闻记者,当没有人告诉你事实(更不要说真相)的时候,你该怎么办?

当你无法到达现场的时候,你怎么办?

当你拿不到数据、图片和秘密资料的时候,你怎么办?

当面对一个没有人知道该怎么办的事件的时候,你怎么办?

这就是在"马航失联"事件报道中中国记者面临的窘境:当他(她)们习惯于从官方新闻发布会上得到事实和真相时,偏偏这一次的新闻发布会自始至终没有发布任何有价值的关键信息;当他(她)们甚至勇敢地要在第一时间到达现场时,偏生这一次的现场不知道在哪里;当他(她)们企图去搜集数据、图片和资料的时候,偏生这一次的信息源几乎都不在中国;当面对一个没有人知道该怎么办的事件时,他(她)们也同样不知道该怎么办。但面对这样一个重大事件,媒体无论如何不能无所作为,于是,记者们只好一遍又一遍地采访家属——在一个特殊的时期自然是招人恨的做法;当无法从家属那里获得新闻原材料时,只好不停地引用外媒的报道——有总比没有要好,你总不能让版面空在那里。因此,毫不奇怪,中国记者唯一所能做的事情就是祈祷。祈祷本身没有错,但是当你没有其他"硬"手段而只有祈祷的时候,祈祷就显得分外苍白了。

不能因此而责备新闻记者。他(她)们之所以会有这样"苍白"的行为是因为他(她)们曾经接受的是"苍白"的新闻学教育。你怎么能够指望苹果树上结出的果实会是蟠桃?

20世纪90年代后期,伴随着中国媒体市场化进程和高校扩招步伐的加快,中国的新闻传播教育也实现了跨越式发展。大量的新闻传播学院如雨后春笋般成立。原有的"北人大南复旦"格局被迅速打破,北大、清华等高校逐步恢复了曾经的新闻与传播学院。和传统院系单纯以马克思主义新闻学为基础的教学不同,新成立的新闻传播学院大多是从本校或外校的中文系、历史系、外语系等相关院系抽调人手,组建专业和教师队伍。课程除了继续讲授马克思主义新闻学原理外,还引入了不少西方传播学的理论和方法。由于记者一向是中学生最向往的职业之一,新闻传播专业受到了许多学生热捧,成为仅次于金融学的热门文科专业。需求旺盛,成立门槛低,两个因素结合在一起,使中国新闻学教育呈现出空前繁荣的盛况。

北京大学办公楼前的华表

然而,进入大学之后,许多选择新闻传播专业的学生感到失望。新闻传播学院被普遍视为"水院",课程被普遍视为"水课"。一个重要的旁证是,在那些允许修双学位的高校,新闻传播学院总是修双学位人数最多的院系之一——修双学位的学生越多,说明本专业的学习挑战性和课业压力越低。学生们在学业上面临的一个尴尬现状是,新闻专业似乎什么都要学一点,最后却变成了一个没有专业的专业。"新闻无学"的本意是强调新闻学的实践性,构建的是一个大型超市,但在现实中却使新闻专业变成了一个"杂货铺"。更微妙的影响则在于，一个其他专业毕业的学生如果从事新闻职业的话，似乎要比新闻专业的学生做得更好。比如，经济学专业的毕业生在从事财经新闻报道时总是会更加得心应手一些；法学专业的毕业生在有关法律新闻报道中也显现了专业优势。典型的例子莫过于某新闻媒体关于临床实习医生的报道被卫生部毫不留情地批评为"片面和不正确的低级错误"——由于专业知识的缺失，新闻工作的正义和良心很容易驱使记者从情感上得出"政治正确"却似是而非的非专业结论。

这种经由拼凑而快速上马的方式，其实是对中国新闻学教育的伤害。新成立的新闻传播学院一方面由于缺乏马克思主义新闻学基础而弱化了对学生逻辑思维和分析能力的训练，另一方面，也没有构建起西方传播学理论赖以产生的实践基础，由此炒成了一盘新闻传播教育的"夹生饭"。新闻传播是实践性极强的专业。"纸上得来终觉浅，绝知此事要躬行"，用在新闻传播专业是最合适不过了。第一流的美国大学新闻传播学院的教师，绝大多数都有在新闻第一线从业的经历，并且给学生提供了许多实习机会。但中国许多高校的新闻专业教师，本身就缺乏在新闻实践中的从业经历，研究的重点也侧重于理论和历史研究，当然不能给学生带来鲜活而真实的新闻学教育。这不能不说是导致中国记者新闻专业素质相对较低的一个重要因素。

这样的新闻学教育，只会习惯性地在课堂上给学生讲授现成的知识。然而，如果新闻事件中没有现成的东西时，学生又怎么会提出解决的办法呢？这样的新闻学教育，总是使学生习惯了从有到有，却没有教给学生面临没有的时候怎么办，怎样去"无中生有"；这样的新闻学教育，只会习惯性地要求学生按部就班地做事。一旦现实生活中出现了完全出乎意料的事情，学生当然就会方寸大乱；这样的新闻学教育，也许习惯了教给学生新闻写作的技巧和用于描述事实的工具，却很少教会学生如何根据实际情况灵活使用这些技巧和工具，特别是很少使学生掌握分析数据的能力。但西方传播学教育的一个重要特点，是教给学生分析真实世界里的数据并且从数据的蛛丝马迹中发现问题的能力。更顶尖的新闻学教育（不仅仅是新闻学教育），还会使学生在实践中逐步学会在没有数据的时候如何去发现数据。纽约大学新闻系和哥伦比亚大学新闻学院都设立了与商学院合作教学的项目,学生也可以借此获得 MBA 学位。经过这种严格训练的学生毕业后常年泡在华尔街,最精通的技术就是分析各类数据,或者从公布的数据中敏感地嗅出不对劲的地方,也因此往往会有重大的新闻发现。此次《纽约时报》的记者们之所以能在马航失联后的第一时间就写出 18 篇分析和报道文章,靠的就是这种日积月累的"硬"功夫。

因此,并不奇怪中国记者会在"马航失联"事件的报道中如此疲软。如果他(她)们没有疲软,才会是一件奇怪的事。一线记者大多数是二三十岁的年轻人,他(她)们正是在 20 世纪 90 年代以后的大发展阶段接受了这样的新闻学教育。所以,不要去批评他(她)们疲软。换作了你,也一样会疲软——如果你没有接受过不疲软的专业训练。

从这个角度反思中国的新闻学教育,也许我们亟须从以下三个方面予以改善:首先,要尽可能提供各种机会,训练学生在真实世界中获取资讯的能力。也就是说,实践教学是新闻传播学院教学的核心。学生们必须经常性地置身于各种真实的新闻场景之中,必须能够熟练使用各种设备,他(她)们在学校里使用的设备应当和他(她)们日后在工作岗位上使用的设备一致。在这方面学校要舍得投入。有些学校因为担心设备损坏而不允许学生使用,这也许是世界上最荒唐的理由。芝加哥哥伦比亚学院的所有设备都是世界上最好的,而且这些设备全部由学生来管理和使用。我问这所学校的教务长,你们不担心学生会损害设备吗?教务长觉得这个问题很奇怪。他说,设备再昂贵也要在使用中才有价值,如果不允许学生使用,购买这些设备还有什么意义呢?实际上,对于新闻学专业的学生们而言,他(她)们在大学里所学到的,并非是背诵书本上已有的结论和知识,能够在考试中获得一个不错的分数,而应当是自己从真实世界中感受、体悟和推导出来的知识和能力。

其次,应当将数据的发现、搜集、整理、分析和使用列入新闻传播学院的重要教学内容,在大数据时代尤其应当如此。也许这需要其他学科的强有力支持。我们不能仅仅满足于从统计局或其他机构和学者的数据库中获取需要的数据,而应当学会如何在没有现成数据的情况下发现和搜集数据。这也许是最困难的事情,但一旦学会了这种本领,则终身受益。

最后，我们不能仅仅满足于教给学生那些前人已经知道的事实和知识，而应当使他（她）们掌握探索未知世界的能力。也就是说，作为未来的新闻记者，你不能只是被动地接受指令去完成任务，你必须学会"无中生有"；即使在所有人都不知道该怎么办的情况下，你仍然能够提出解决问题的方向、思路和办法。

这些能力恐怕都不是从书本上能够得到的，需要根据未来技术进步和世界新闻格局的变化重新设计课程体系。显然，未来的新闻学教育必须更紧密地与经济学、社会学、法学、政治学等社会科学（或许还有自然科学）联系在一起，而相对弱化纯粹文科写作方面的训练，尽管新闻写作仍然是记者最基本的能力要求。也就是说，面对快速变化的外部世界，我们提供给学生的新闻学教育，不能再是传统意义上文人气、书生气和学生气十足的书斋教育，而应当带一点英雄气、江湖气和豪侠气，必须学习美国多层次的新闻教育，为学生提供"真刀真枪"的新闻实战训练。

也许，上述问题不仅仅存在于新闻学教育之中，在其他学科领域，又何尝不是如此呢？在为了高考而接受教育的过程中，我们的学生早已习惯了去做那些已经有人知道答案（而且是唯一答案）的题目；对于那些完全没有人知道答案的问题，当然不知道该怎么面对和处理。为什么我们的创新能力日渐弱化，原因恐怕就在于此。

2014 年 5 月 8 日初稿于 Stanford University
2014 年 6 月 3 日定稿于 Oak Creek Apartments，CA

何谓素质教育?[①]

2013年5月,我应邀参加了某全国知名中学的校庆活动。除了隆重的庆典大会之外,给我留下深刻印象的是该校的"素质教育成果展"。一进校园,首先映入眼帘的是,主干道两侧的橱窗里,近年来该校学生考入北大、清华的光荣榜,人数之多令人咋舌;接下来是学生在全国和省市级学科、科技、文艺及体育竞赛中取得的优异成绩;再往后是琳琅满目的学生书画作品。画我不大懂,但有几幅书法作品的确写得不错。高潮当然是在学校大礼堂里举行的交响音乐会。七八十名俊男靓女身着盛装,演绎了一首首西方经典名曲,水准之高恐怕不输于专业演出团体。

然而,就在几个月前的北大自主选拔录取面试现场,同样是这所中学的学生,当我问起他(她)们的专业志愿时,几乎所有人都把金融专业作为第一选择。当我问他(她)们为什么如此选择时,答案几乎又是惊人的一致:"挣钱多"。这些学生都是最优秀的学生,不光学习成绩好,其他素质也非常突出,大多数学生至少能够演奏一种乐器,钢琴十级者比比皆是。不是说选金融专业一定不好,经济飞速增长的中国当然需要大量金融专业人才,但所有最优秀的学生不约而同地选择了金融专业,这至少说明,他(她)们的价值取向未免过于单一和短视。

我不太喜欢"素质教育成果展"这样的提法。既然是"成果",一定是某种具有显示度的成就。但教育的成果是什么?是它所培养的学生在未来几十年

[①] 本文删节版发表于《光明日报》2014年9月16日第13版(高等教育版),题目为《何谓素质教育?》。

里为国家、社会和人类做出的贡献。这样的成果，显然是当下的校长等不及的。于是，我们所看到的"素质教育成果"，就变成了一张张书画、一座座奖杯以及交响乐和舞蹈等。在我看来，这些所谓的"成果"和素质教育风马牛不相及，完全是采用应试教育的办法训练了另一批也许学习成绩不够突出的学生。表面上看学校的素质教育开展得蓬蓬勃勃，要体育有体育人才，要文艺有文艺人才，但实际上，这些所谓的人才无非是按照某个预设目标制造出来的零件。从本质上说，他（她）们和那些通过大规模重复训练而获得高分的学生没有任何区别。中学开展素质教育的途径，首先是按照素质教育的要求设计一系列项目，然后选拔出每一个项目的佼佼者，集中资源进行强化训练并为之提供各种机会和平台。因此，这个从外表看来令人惊叹的素质教育的庞然大物，只不过是由无数定制好的零件拼凑起来的机器人而已。那些"术业有专攻"的个体，最终在成就学校整体辉煌繁荣的同时也牺牲了自我的全面发展。至于那些似乎在任何一个项目上都没有特长的学生，则成为少数成功者的"陪读"。原本，素质教育是为学生成长而服务的，现在，学生成了实现学校素质教育建设成就的载体和工具。

实际上，"素质教育"的口号我们喊了多年，下发了无数文件，却从来也没有搞清楚到底什么是"素质"，应该怎样开展"素质教育"。我们对素质教育的理解过于单一，过于统一，太缺乏想象力。在学校里，素质教育就是开展一些和升学考试无关的活动；在家长看来，素质教育就是让孩子琴棋书画无所不通。于是，一个完美中国学生的形象就是：成绩优秀的学霸，才艺出众的偶像。那些不肯让孩子"输在起跑线"上的家长，在很早的时候就把孩子送进各种各样的兴趣班，最后的结果是让孩子彻底丧失了对所有事物的兴趣。当我们的学生可以娴熟地背诵出大段大段的唐诗宋词时，却往往提不出自己关于某一问题的独到见解和观点；当他（她）们在舞台上展示出堪称专业的才艺时，对艺术作品本身的理解却相当肤浅；当我们带着孩子在周末穿梭于各种各样的训练班时，却恰恰忘记了素质教育的核心：培养学生具有正确的价值观，对科学有理解力，对艺术有鉴赏力，使人的发展更为全面，生活更有品位和质量，等等。

| 重新出发——中美大学本科招生比较研究

　　20世纪90年代以后,为了繁荣校园文化和促进中学素质教育开展,各高校开始招收艺术和体育特长生。然而,对素质教育缺乏想象力的狭隘理解却使校园文化开始变得凋零。2010年年底,中国台湾大学代表团访问北大,两校学生共同演绎了一场"台大之夜"北大——台大学生联合文艺演出。北大参加演出的是民乐团、合唱团、舞蹈团和健美操队等专业团体;台大参加演出的是合唱团、嘻哈研究社、布袋研习社、魔术社等学生社团。演出结束后,台大同事由衷地赞叹:"北大学生就是了不起,个个都专业,不像我们的学生,都很业余。"我相信他说的是真心话,但听起来总有点怪怪的感觉。北大参加表演的,都是千挑万选的艺术特长生;台大参加表演的,全部是非艺术专业的学生。论专业水准,北大学生要比台大学生高得多。但我真的不知道,那天晚上的演出,到底谁的表演更精彩,到底哪一种表演更符合大学的气质和风格。

放飞青春

　　大学里的文化艺术生活,应当由学生自己搭建舞台,自己表演,自己享受那一刻的欢愉。也许不专业,也许很稚嫩,但那是孩子们自己的游戏。我至今仍然怀念20世纪90年代初期北大老图书馆前的草坪。仲夏之夜,皓月当空,微风习习,学生们三三两两围坐在不大的草坪上,听长发飘飘的师姐浅吟低唱自己创作的校园民谣。虽然只有一把木吉他,却也能唱出世界上最空灵飘逸的歌声。后来,学校里的舞台渐渐让位于半专业性的艺术特长生。灯光舞美越来越绚丽,艺术水平越来越专业,但同时也渐渐丢掉了灵气和亲和力。对于普通学生而言,演出已经不再是"我们"的演出,而是"他(她)们"的演出。大学文艺生活被割裂成了两个群体:特长生和非特长生,表演者和观众。

一个体育特长生,也许并不喜欢体育运动,体育不过是他(她)进入大学的某种捷径;一个艺术特长生,也许并不喜欢艺术,艺术也不过是他(她)进入大学的某种通道。今天,我们开展素质教育,往往不是因为对艺术本身的追求,而是出于某种现实性的需要:要么是才艺表演时的炫耀,要么是学校素质教育成果的展示,要么是大学招生时的某种项目。因此,并不奇怪,那些小时候曾经花费大量时间精力学习的小提琴,一旦没有需要的话,立即被束之高阁,碰也不会再碰一下。艺术并没有因为素质教育的开展而成为我们生活中的精神追求和内在需要。它甚至变成了我们为了实现某种现实性需要而借用的工具。

也许我们正在丢失中国古代教育中的一些最优秀的传统。自孔子以降,教育的核心从来就不是技巧,而是价值观。人们通过接受教育获得见识,养成气度。一切不能实现"仁义礼智信"(这是古代中国的核心价值观)的东西都被斥为"奇技淫巧"。尽管这一点被认为是阻碍中国古代和近代科学技术发展的重要因素,但不可否认的是,对"仁义礼智信"的教育保证了中国传统社会的超强稳定性和文化延续性。今天,我们似乎正在走向另外一个极端:围绕着大一统的高考而进行的应试训练正在把核心价值观驱逐出教育的领地。学生背诵了大量条目,却在考试之后忘得一干二净。价值观教育并未在他(她)们的内心深处刻下痕迹;素质教育只训练了学生的技巧,却没有相应培养起他(她)们对艺术的热爱和对美的追求。学生所参与的艺术活动既没有对他(她)们的灵魂塑造产生作用,也没有使他(她)们未来的人生变得更为丰满。他(她)们只是机械地完成了家长和学校要求他(她)们必须完成的某项任务而已。还记得中央电视台《对话》栏目里中美高中生的不同表现吗？"当中国学生该展现出理想和精神的崇高的时候，他们要追逐金钱和权力；当中国学生该立足实际，脚踏实地解决问题的时候，他们又吟诗弄赋，在实际问题的外围不着边际地轻轻飘浮。"这样的学生，也许高考分数很高，也许在才艺展现时光彩照人，但他(她)们既缺乏远大的理想和目标，又严重脱离实际，仿佛不食人间烟火一般。

记得刚到旧金山的时候，朋友女儿所在的高中举行慈善演出，邀请我们一家前去观赏。演出的礼堂虽说有些历史，却又小又破，和国内中学的豪华礼堂相比，条件是不可同日而语了。我原来以为，美国高中的学生演出一定是闹哄哄和乱糟糟的，至少也会以摇滚乐为主——就像我们在电影里看到的那样，但那天晚上历时三个小时的演出，就是一首接一首的歌曲，或独唱，或对唱，或小合唱，或大合唱，旋律简单而优美，舒缓而温情。许多学生穿着T恤衫和牛仔裤，站在台上就开始唱歌，没有多余的话语和动作。据说，整场演出全部由学生组织，观众都是家长，门票收入捐给非洲儿童用于购买食物。在那个美妙的夜晚，那些用心唱歌的学生目光纯净如水。我忽然间领悟到，也许素质教育的最高境界，就是让孩子们清澈的目光尽可能保留得更长久些吧。

2014年6月27日初稿于 Oak Creek Apartments, Palo Alto, CA
2014年8月22日凌晨定稿于 Oak Creek Apartments, Palo Alto, CA
2014年8月25日再次改定于 Stanford University

优秀的定义包含坚持[1]

  2012年下半年,我在美国访问期间,有机会拜访了一些北大校友,许多人当年在校读书时与我就是好朋友。异国相见,相谈甚欢,自然聊起他们的近况。这些校友大多数从小就非常优秀,经过北大四年的培养后到美国最好的研究生院继续深造,博士毕业后留在美国工作,在各自的领域里都做出了突出的成绩,有些人已经成为国际学术界冉冉升起的新星。我为他们取得的成就感到由衷的高兴,这说明北大本科人才培养的质量已经达到世界先进水平,北大毕业生在全球人才市场竞争中不逊于任何一所世界一流大学的毕业生。但在高兴之余,我也注意到另外一个现象,在我的心里投下了一道阴影。

  有一天我见到了一位校友,中学阶段他曾获得过全国物理竞赛一等奖和国际物理奥林匹克竞赛金牌,是许多人崇拜的偶像。他被保送到北大物理学院后,成绩一直名列前茅,是全院公认的优秀学生。毕业后,他申请到了全世界最好的物理研究所提供的全额奖学金攻读硕士和博士学位。博士毕业后,他在另一所顶尖大学跟随一位诺贝尔物理学奖得主继续从事博士后研究,出

---

[1] 本文删节版发表于《光明日报》2014年7月29日第13版(高等教育版),题目为《中国优秀科研苗子为何难修正果》。发表时附有一份关于"内地背景美国科学院院士统计"的链接:"我国改革开放以来,截止到2014年,有内地大学教育背景当选为美国国家科学院院士的华人科学家包括:谢晓亮,北京大学化学系本科;邓兴旺,北京大学生物系本科;陈雪梅,北京大学生物系本科;郁彬,北京大学数学系本科;骆利群,中国科技大学少年班;庄小威,中国科技大学少年班;朱健康,北京农业大学本科、北京大学生物系硕士研究生;王晓东,北京师范大学生物系本科;谢宇,上海工业大学本科;叶军,上海交通大学物理系本科;董欣年,武汉大学生物系本科;陈志坚,福建师范大学生物系本科;杨薇,曾就读复旦大学生物系,纽约大学石溪分校本科。"《教师博览》2015年第10期同题转载。

站后获得了该校物理系助理教授职位。应当说,这一路走下来非常顺利。但就在几年前,他突然间改行,开始自己创业,开办了一家小公司,从事投资移民咨询顾问。在美国期间,他邀请我到家里做客。他的家坐落在郊区的湖畔,风景秀丽,静谧怡人,是一幢很大的独栋别墅,有两个很可爱的孩子。他的夫人是当年在北大的同学,现在在家做全职太太。

为什么一个当年在物理学领域里非常有潜质的优秀学生,到了美国之后没过几年,他的人生轨迹就全然转向了呢?当天晚上,在湖边烧烤的时候,我问起他的心路历程。他说,在美国的最初几年,也曾想过在物理学领域继续从事科研工作,但美国大学的竞争实在太激烈了。一段时间以后,他逐渐意识到,这辈子无论再怎么努力,也不可能到达第一流的位置,慢慢就产生了想放弃的想法。当然,继续在美国大学就这么待着也能混下去,但后来成了家,有了孩子,经济压力逐渐增大,不得不去想办法赚更多的钱,就这么转了行。有时候,在夜深人静的时候,偶尔翻出当年的获奖证书,他也会回想起年少时成为一名伟大的物理学家的梦想,但也不过是想想罢了。

我们一边喝酒,一边聊起当年读书时曾经共同崇拜过的一个偶像。他比我们高几届,是某个省的文科状元,在北大社会学系读书。他的理想就是成为中国未来的第二个费孝通,在中学阶段就读完了费先生的所有著作,在北大读书期间一直是社会学系的第一名。他曾信誓旦旦要在北大读完所有的学位,绝不出国——他相信中国社会学研究的根基在中国。但在大学二年级时,他遇到了他的女朋友——一个极为优秀的女孩。这个女孩要出国,他不得不跟着出去。凭借着雄厚实力,他申请到了哈佛大学社会学系的全额奖学金。据说,到了美国的第二年,他就转到了金融系,硕士毕业后去了华尔街,现在在一家国际投资银行工作。

人的一生极为复杂,充满了各种各样的机遇与挑战。我的问题是,为什么这些在小学、中学、大学乃至研究生阶段一直都极为优秀的学生——他们的共同特点是学习成绩始终名列前茅,极为聪明,甚至不乏兴趣和理想——最后却没有在自己最初喜欢和从事的领域里坚持做下去呢?经济上的压力肯定是一个重要原因。但除此之外,还有什么其他的因素促使他们做出放弃的选择呢?

我不是一个保守主义者,我从不认为,所有在大学里学习某一专业的学生未来一定要从事这一专业的学术研究,特别是基础学科领域。我也并不认为,成为科学家和学者是一个人的最优选择。每个人都有选择适合自己职业和人生道路的权利。我本人在本科和研究生阶段学习的都是经济学专业,但现在从事的却是教育工作。这并不妨碍我经常从经济学角度特别是从制度和政策维度思考我的工作。从某种程度上说,经济学的专业训练反而使我有可能看到一些教育学专业的人所看不到的东西。事实上,这个世界的确并不需要那么多的数学家、物理学家、化学家或生物学家。可能大多数人最后从事的工作和自己大学时的专业没有什么直接或间接的关系。当然,他们在接受专业训练时所形成的思维方法和习惯会帮助他们更好地完成工作。我认为,这才是本科教育的核心和实质。在本科阶段,学生不一定需要获得多么艰深的专业知识,更重要的在于,他们能够通过系统性的学术训练,为未来发展打下坚实的基础,掌握正确的思维方法,养成良好的阅读和思考习惯,在面对复杂资讯和局面时知道从哪个方向入手去解决问题,获得终身学习的能力。过早地进入具体的技术性专业反而可能会限制学生的视野和未来发展空间。正是从这个意义上,我一直主张学生在本科阶段应当尽可能地选择基础学科,数学、物理学和哲学等学科的基本思维方法可以在任何专业里得到运用。未来是不确定的。学生的基础越扎实,他们适应未来变化的能力就越强。如果要在专业化和通识教育之间做出选择的话,我更倾向于在本科低年级实行宽口径的通识教育,高年级再开始专业化教育。尽管如此,在我的心里,一直有一个很强的声音在说:北大每年招收的学生中,至少应当有一部分人(哪怕数量很少)能够从事学术研究工作,在基础学科领域里坚持不懈地做下去。若干年后,在这个领域的世界上最顶尖的学者群体中,依然能够还有北大毕业生的身影,哪怕只有为数不多的几个(顶尖学者本来就是稀缺的),对国家、民族乃至人类文明也都会是一个巨大的贡献。但如果一个没有,那可能意味着中国高等教育的悲哀和失败。

　　按照常理来说,北大、清华每年招收了全国高考分数最高的学生,他们中间应当涌现出最多的科学家才是。但细数当今全球最优秀的华裔科学家,本科出身于北大、清华的并不占多数。据统计,恢复高考以来,有中国大陆大学教育背景并当选美国国家科学院院士的10位华人科学家中,出身北大本科的有3位,中国科技大学少年班有2位,武汉大学、上海交通大学、北京师范大学、上海工业大学、北京农业大学各1位。而30多年来,北大、清华的本科招生总量至少不低于15万人。这些当年以最高分数考入北大、清华的人,最后都到哪里去了呢?

北京大学未名湖

有一部分人在从事科学研究工作,但大多数人最后都没有坚持下来。坚持不下来的首要原因可能是他们面临的选择机会太多。能够考上北大、清华的都是同龄人中的佼佼者。一般而言,他们面临的机会要比其他人大得多;机会来临的时候,他们总是可以先挑,有时候还会挑花了眼。选择机会越多,一个人面临的诱惑也越大,也就越难以坚持下去。但对许多其他大学的学生来说,可能机会就没有那么多,甚至还意味着"被选择"。因为没有退路,只好坚持下去等待机会,结果反而修成了正果。"有心栽花花不发,无心插柳柳成荫"的例子比比皆是。经济学家常常建议"不要把所有的鸡蛋都放在一个篮子里",要尽可能地分散风险;但对于科学研究来说,结论可能恰恰相反。正像诺贝尔生理学或医学奖得主布鲁斯·博伊特勒(Bruce A. Beutler)所说,正确的决策可能是应当把"所有鸡蛋都放在一个篮子里",连续性地从事某项研究工作,否则,浅尝辄止,很难做出原创性的尖端成果。

北京大学俄文楼前

坚持不下来的另一个重要原因,可能是他们对于所学专业或未来从事的领域缺乏真正的兴趣和狂热的激情。恢复高考后的30多年里,我们一直实行的是统一高考下的集中录取制度。这一制度的最大好处是可以以较低的成本最大限度地保障公平——分数面前人人平等。但它最大的弊端在于,高校无法有效地根据自身人才培养的不同特点有针对性地选拔人才,结果导致"千人一面,千校一面"。特别是,由于"只见分数不见人",科学研究中最为看重的兴趣和好奇心等非智力因素恰恰无法通过标准化的大规模考试考核出来。更严重的是,由于基础教育紧紧围绕高考进行重复性的训练,忽视对学生兴趣和好奇心的挖掘、保护和培养,学生常常到了高考填报志愿的时候,仍然不知道自己对什么感兴趣,甚至不知道自己对什么不感兴趣。他们学习的唯一目的就是努力在考试中取得比别人更高的成绩。他们既不知道为什么而学,也不知道学了之后有什么用。当这些学生凭借高分考入北大、清华的某一专业时,常常对这一专业既缺乏认知和了解,也根本不感兴趣。他们之所以进入某一专业,只是因为高考分数达到了这一专业的录取线。事实上,对于这些人中翘楚来说,无论进入哪一个专业都可能学得并不差。然而,一个人如果真的要做出一番非凡成就,必须依赖于持久兴趣所产生的强大驱动力。否则,一旦遇到困难和挫折,往往就会选择退缩。这时候如果还有其他诱惑和退路,很容易就会放弃和转换方向。也许一个更为根本的问题是,北大、清华的招生名额是有限的。一部分人能够进入北大、清华的同时,意味着另外一部分人无法进入。如果北大、清华招收了大量分数很高但缺乏创造力的学生,那些创造力很强但在分数比拼中败下阵来的学生就会被排斥在校门之外;他们可能更需要在北大、清华这样的顶尖学府接受培养和训练,也更可能在自己喜欢的领域投入毕生的精力。这既是对优质教育资源和人才的巨大浪费,也会从根本上破坏国家的人才结构和可持续发展能力。因此,对于北大招生工作来说,一个根本性的任务是如何有效发现那些对某一学科领域具有持久浓厚兴趣的、适合北大培养的优秀学生;未来若干年后,从他们中间能够产生一个或几个影响世界甚至改变世界的灵魂人物。这些能够坚持下来的人决定了北大和中国在世界上的地位。

1978年的早春,邓小平同志在全国科学大会上强调,"必须打破常规去发现、造就和培养杰出的人才",把"尽快培养出一批具有世界第一流水平的科学技术专家,作为我们科学、教育战线的重要任务"。由此开辟了当代中国科学的春天。伟人虽逝,言犹在耳。遗憾的是,30多年来,我们在"打破常规发现、造就和培养杰出人才"方面并没有迈出多少实质性的步伐。现在,是到了下决心付诸行动的时候了。

2013年4月17日初稿于北大老化学楼
2013年5月2日深夜定稿于倚林佳园

我们应该怎样重视语文教育?①

2013年以来,在关于高考改革方案的讨论中,如何处理好语文与英语的关系问题引起了社会的广泛关注。现在看来,降低英语在高考中的作用,提高语文在高考中的作用,可能是一个压倒性的意见。实现方式主要有两种:一是实行英语一年多考,并以等级替代分值;二是降低英语在高考总分中的分值,提高语文的分值。一些省市已经迈出实质性的步伐,并推出了时间表。尽管可能仍然存在着这样那样的争议,但通过高考招生这条"指挥棒"引导学生更加重视母语学习,恐怕是社会舆论当前的共识。

我认同这种共识。改革开放和恢复高考三十多年后,经历了一轮又一轮英语学习的狂潮。面对西方文化体系的强劲冲击,今天我们终于认识到母语教育的重要性,这标志着文化理性的回归,也意味着一个巨大的进步。然而,和应该重视语文教育相比较,我更关心的问题是:应该如何重视语文教育?和应该通过招生考试制度的改变来引导学生重视语文教育相比,我更关心的问题是:应该通过招生考试制度的哪些改变来引导学生重视语文教育?是按照目前的方案,在高考总分的蛋糕中改变切分的比例吗?在我看来——和我对许多教育政策的评价相类似——这仍然是一个初衷良好,但很可能起不到应有效果的政策,甚至会进一步恶化语文教育的环境。

当前,中学语文教育中的诸多弊端已经到了令人难以容忍的地步。自汉字诞生五千多年来,我们从来没有像今天这样去教孩子学习自己的语言。这

---

① 本文删节版发表于《中国青年报》2014年4月22日第3版,题目为《我们应该怎样重视语文教育》。

个方法是什么呢？就是根据唯一的标准答案，用学习数学、物理和化学的方法来组织语文教学，并进行考试。也就是说，通过举例、做习题、背习题等方式，把汉字和文章用刀子切割成一道道题目，学生的任务就是尽最大可能提高对各类题目的熟悉程度和反应速度，而阅读、体验、领悟等传统的学习方法则被彻底丢弃了。

问题的根源在于语文考试制度的设计。高考是大规模的标准化考试。标准化的应有之意是试题答案的标准化——可以进行快速统一的评判。人们普遍认为，数学、物理、化学这些学科是有唯一标准答案的——这个认识本身就是错误的，但语文就很难有。因此，对语文进行标准化考试的难度极大。然而，大规模统一考试又不得不采取标准化方式，否则成本太高且无法组织。在两难选择中，只好把语文硬塞进标准化考试的瓶子里。

那么，如何进行标准化呢？方法是在命题时尽可能选择那些只能有一个标准答案的内容。比如，拼音、错别字、标点符号、背诵等，这就是我们在语文试题中通常看到的客观题部分。之所以被称为"客观"题，是因为它们的答案是唯一的，其实也不尽然。谁规定了"呆板"只能读作"aiban"而不是"daiban"呢？语言是被人使用的。如果大多数人都在说一个被语言学家认为是错误的发音，这个发音本身就应当被认可。中国的语言文字是如此丰富，有限的客观题怎么能够涵盖它的全部内容呢？因此，必须要有能够考察出理解能力和分析能力的主观题。既然是"主观"题，就很难有唯一的标准答案。为了适应标准化考试的要求，主观题的答案必须尽可能"客观"。对于同一篇文章、同一段话，只能有同一个理解。这就是今天让学生深恶痛绝的总结"中心思想"之类的题目。除了客观题和主观题之外，剩下的就是作文。因为作文在语文学习中的地位如此重要，尽管它与标准化考试完全不相容，也没有人敢决定在语文考试中不考作文。那么，怎样使本来千变万化的作文能够尽可能适应标准化考试的"客观性"呢？方法有两个：一是按照考场作文的标准程式去组织文字，这就是现在流行于中学与各类培训机构的现代八股文作文法；二是在阅卷时的判分尽可能差不多。于是，语文考试中的又一个悖论出现了：本来，作文的分值最高，也最能区分学生的语文水平，但阅卷的结果很可能是所有的作文得分都在一个区间之内。那些平庸的作文也许得分会高,最优秀的作文反而得分会低,至少无法和其他学生拉开距离。

这些学习语文的"方法",我在20年多前就已经领悟到。在当时还没有什么培训机构的情况下,我自己总结出了若干在语文考试中得到高分的"秘诀",这使我成为全校语文学得最好的学生——在一次语文考试中,全年级只有3个人及格,而我考了90多分。然而,我自己清醒地知道,我之所以能够做到这一点,是因为我真的喜欢语文、享受阅读和写作中国文字时的乐趣。那些"雕虫小技"只不过是为了确保得到高分罢了。

20多年过去了,现在我发现,当年我秘而不宣的所谓"秘诀"早已经成为人人皆知的方法。20多年前,我和我的同学还会以经典名著为伴,今天的许多中学生可能连《红楼梦》的第一页也未曾读过。然而,令人奇怪的是,他们写出的作文也许并不"差"。有一天,一个朋友给我讲了一件关于他上初一的儿子写作文的真事。作文的题目是《包饺子》,大意是星期天全家人在一起包饺子其乐融融。从开始和面、剁馅、揉面、擀皮,一直到包饺子、煮饺子,每一个细节都写得活灵活现。老师的评语是"生动形象,有真情实感"之类。但读过之后,我的朋友的鼻子差点没气歪了。他和夫人都是地道的南方人。他们家从来没吃过饺子,包括过年,更别说包饺子了。那么,儿子又是如何写出这样一篇看上去不错的作文的呢?一番"威逼利诱"之下,儿子说了实话:是从网上东拼西凑完成的。

1918年4月,胡适在《新青年》第四卷第4号上发表了著名的《建设的文学革命论》。在这篇新文化运动的檄文中,胡适鲜明地提出了他关于文学革命的四点主张:"一、要有话说,方才说话;二、有什么话,说什么话;该怎么说,就怎么说;三、要说我自己的话,别说别人的话;四、是什么时代的人,说什么时代的话。"这些几乎是一百年前的文字,我们今天读来会作何感想?今天中学生的作文,甚至我们自己的文章,还能够达到这四条标准吗?

引导社会和学生重视语文没有错,通过招生考试制度的改革引导学校和学生重视语文也没有错,但通过单纯降低英语在高考总分中的分值,提高语文在高考总分中的分值,只是做了一篇"看起来很美"的表面文章。其结果,很可能使上述分析的现象变本加厉——原因很简单,新方案下提高语文分数变得更重要了。只要现有的教语文和考语文的模式不发生变化,语文在高考总分中的分值提得越高,其所带来的危害就越大。因为学生可能花费在语文习题上的时间和精力更多,各类培训机构的训练会更有针对性。学生用于阅读的时间会更少,除了考场作文之外,可能将更加写不出能够反映自己真情实感的文章。真正要使社会、学校、家庭和学生自己重视语文,真正要通过招生考试制度改革实现这一目标,就必须让学生所写的真实的文字在大学招生录取中发挥作用。这就是目前世界一流大学在招生录取时普遍作为重要参考依据的"个人陈述"。这一点在我国香港地区新的大学招生录取改革方案中也得到了充分体现。

胡适

我在美国访学期间,曾经和芝加哥哥伦比亚学院的同事进行了深入交流。这是全美最顶尖的艺术院校之一。他们在招生时,特别是在作最后决定时,最看重的是学生的写作能力。为什么一所艺术类院校会如此重视写作能力呢?

他们告诉我,哥伦比亚学院培养的是艺术领域的领导者。学生们首先需要自己有思想,同时,还必须通过说服、影响和感召等方式,让其他人准确地理解甚至认同自己的思想。此外,即使开展艺术批评,也需要有深湛的写作能力。因此,招生人员必须要从学生的自我陈述中了解,你是否准确地表达了你的想法?你能否让其他人正确地理解了你的想法?你的思想深度和语言力量处于何种水平?

2003年以来,部分高校在开展自主选拔录取试点工作时,也要求学生提交一篇"自我陈述"。可惜的是,一方面,由于人手严重不足,这些"自我陈述"实际上没有得到高校招生人员的充分阅读和足够重视,除了在初审材料环节外,在最后的录取中并不产生作用;另一方面,学生的"自我陈述"假、大、空现象严重,内容雷同,缺乏特色,也使这些"自我陈述"在高校招生中难以起到应有的甄别作用。在对美国教育的考察研究中,我深深地体会到,美国大学在招生时对学生"自我陈述"的重视不是偶然的,它实际上是美国教育体系的一个重要组成部分。不仅使学生在写作"自我陈述"的过程中逐步学会准确地表达自己的思想和观点,而且,通过"自我陈述"中所展示的内容,使自己在生活过程中也受到教育——即使学生做这些事情的目的仅仅是为了使自己在写作"自我陈述"时不致无话可说。也就是说,要使学生的"自我陈述"发挥作用,我们就不仅应当在大学招生录取时使用它,而且应当在中学教育中教会学生如何正确地撰写"自我陈述",同时,还要引导学生去做那些未来可能成为"自我陈述"中的重要内容的活动。我曾经在一篇文章中举过一个没有通过北大保送生考试却被耶鲁大学录取的学生的例子。那个学生的"自我陈述"写得特别好。不仅写了自己做过哪些事,而且写了自己在其中起到了什么作用,获得了哪些收获,以及对自己的未来人生道路产生了什么影响等。我很喜欢那些散发着理想主义气息的真实文字。我想这也是耶鲁大学为什么决定录取他的原因。

2014年1月22日初稿于Stanford University
2014年1月27日定稿于Stanford University

第三部分　高考制度改革

为教育而考试还是为考试而教育?[①]

近年来,由于工作关系,我走访了全国不少中学,和中学校长、教师及学生进行了比较坦诚而深入的交流。面对当前基础教育现状,大家有一个共同的感觉:压力山大。无论是教育行政主管机关还是中学,无论是家长还是学生,似乎都在"温水煮青蛙"般地慢慢滑入一个"陷阱"而无法自拔。我问这个"陷阱"指的是什么,所有人几乎异口同声地说:考试。

的确,在以高考为"指挥棒"的考试体系下,我们的中学(高中)离一个教育机构的本质渐行渐远。它越来越不像一个学校,倒像是一个类似富士康一样的企业;中学校长越来越不像教育家,更像一个公司的总经理(不是企业家);高三的教师越来越不像"人类灵魂的工程师",更像一个拎着皮鞭的监工;学生则越来越享受不到教育的快乐,更像流水线上的装配工人——必须在答题时做到条件反射似的熟练。

也许我有一点言过其实,但绝非危言耸听。十年树木,百年树人。教育本来是一个效应时滞极长的领域,办好一所学校往往要经过几代人的艰苦努力。但在当下的中国,要使一所默默无闻的中学在三五年内就做到声名鹊起似乎并不是什么太难的事情。最有效的办法,就是把学校作为企业,用管理企业员工的方式来管理教师和学生;用数字化目标管理来实现升学率、"北清率"乃至

[①] 本文删节版发表于《中国青年报》2014年7月10日第3版,题目为《为教育而考试还是为考试而教育》。《基础教育改革动态》2014年第18期同题转载。《内蒙古教育》2015年第3期同题转载。《陕西教育》2015年第6期同题转载。《杂文选刊》2014年第8期转载,题目为《为考试而教育?》。

"状元"等社会普遍认同的目标；用个体的具有代表性的素质教育成绩来说明整个学校的素质教育成果等。从媒体的大量报道中，我们不难看到这些"超级中学"的"成长路径"。

并非中学校长忘却了自己的教育使命和责任——许多中学校长堪称当代第一流的教育家，但在现实面前，他们不得不这么做。许多人不无痛苦地对我说，他们是"一颗红心，两手准备""脚踏两只船"——一只船是素质教育，另一只船是应试训练；高三之前素质教育，进入高三立即开始应试训练。也许这只是一部分人的做法，更多人则从一开始就选择了应试训练的道路。中学校长很不客气地批评我们：你们是做教育工作的，明明知道什么对学生好，什么对学生不好，为什么在招生录取的时候却不看这些东西？如果大学录取时所看重的东西和我们平时教给学生的东西不一致，我们只能调整我们的方向和道路，适应你们的要求。如果我们不这样做，家长和学生也会要求我们这么做，自然会有一部分中学屈服于压力而这样做。这样的压力我们无法面对，更无法承受。当然，也有极个别的中学校长凭借着胆识、勇气和智慧，完全按照自己的教育理想办学。他说，你如果不改也行，我按照教育规律去做应该做的事情，我可以不和你玩。在全球化时代，北大、清华不要我的学生没有关系，只要他（她）们真正优秀，哈佛、耶鲁这些世界一流大学抢着要。

面对这样的批评甚至指责，我无言以对，更无颜以对。军人以保家卫国为天职，医生以救死扶伤为己任，身为教育工作者，我们的天职是教育好自己和别人的孩子，使每一个家庭的孩子接受了我们的教育之后，会变得更有教养、更有知识、更有理想、更有责任感，以及更有能力去面对和解决未知世界的难题。一句话，他（她）可以变得比以前更好。如果经过我们的教育之后，一个孩子变得越来越自私、越来越无情、越来越没有责任感、越来越没有信仰，那我们的教育就是失败的，至少是不成功的。如果中国每一个有经济能力的家庭都把孩子送到国外去接受教育，甚至作为教育界人士的我们自己都加入到这一行列，那我们的教育就是有问题的教育，至少是不被信任的教育。这说明我们没有尽到自己的责任。

我常常想，人为什么要接受教育呢？古人说，"书中自有黄金屋，书中自有颜如玉",这是"学而优则仕"时代的功利主义追求。但是在今天,我们恐怕不能再如此简单地界定一个人接受教育的目的。否则,当你发现书中没有"黄金屋"和"颜如玉"的时候,你可能会陷入失望、沮丧甚至反对教育的境地。我想,一个人之所以一定要接受教育,从个体来说,是因为教育可以使人从生理到心理都可能变得更好,至少和没有接受教育之前相比会更好。他(她)看待世界的眼光可能会变得不一样——从前是在用眼睛看世界,接受教育以后可能会用心去看世界。遇到委屈、困难、挫折甚至失败时,可以比以前更平和、更淡然、更有信心,也更能找到解决问题的方法。因为在接受教育(主要是阅读和思考)的过程中,会有更伟大的人和事作为榜样去激励你,唤醒你心底里最美好的东西,即使你也许永远无法成为那样伟大的人。换句话说,教育可以提升一个人的层次和境界。有时候,当我们鄙夷一个人的所作所为时,往往会说:"那个人没有受过教育。"指的就是这个意思了。另一方面,从社会来说,教育可以使每一个个体认识到集体契约的必要性,减少反社会的心理和行为,增强对社会和他人的责任感,弱化社会中的戾气和不平,使人们避免陷入相互敌视和你死我活的丛林世界,从而使整个社会变得更好一些。一个国家和民族的人民接受教育的程度越高,这个国家和民族就会变得更加文明、更加成熟、更加理性,其他国家和民族就能够比较准确地判断你的走向和行为,从而可以增强整个世界的和平与安全。

  从这个意义上说,我认为,教育的目标应当是使人们变得更有教养。这种教养不一定全部体现在彬彬有礼上。更准确地说,教养体现在一个人在做出某种行为的时候,是否考虑到这种行为对其他人和社会所造成的负的外部性——这是一个经济学术语,可以近似地理解为不好的影响。比如,教育应当使人养成"物归原处"的习惯。因为如果你不能做到"物归原处",其他人再用的时候有可能会找不到,就会给其他人带来不便。再比如,教育应当使人养成习惯,当受到他人帮助(无论事情有多小)的时候,真诚自然地说声"谢谢"。因为这会使帮助你的人心情愉悦,增加他(她)对你的信任感,进而增加社会上所有人彼此之间的信任感。还比如,教育应当使人懂得,男人每天早上出门之前要把胡子刮干净,女人要上一点妆,不一定是浓妆艳抹。因为这会使见到你的其他人在视觉上更舒服一些,至少不会感到烦躁和厌恶。此外,不浪费粮食和其他任何物品,减少对环境的污染和破坏,遵守交通规则和法律,公共场所不大声喧哗等,这些做人做事的细节和小节,绝不会出现在任何一种考试当中,在我看来,却是教育中最应当重视和倡导的东西。

　　有人会说,你所说的是家庭教育的责任,不应当由学校来承担。学校是学习文化知识的场所。对此我不敢苟同。这实际上是苏联计划经济体制下把教育和人当成工具的陈词滥调。教育是统一的。家庭教育和学校教育只不过是侧重点不同而已,其目标都是为了更好地教育孩子。如果二者是割裂的,那么很可能造成学生在人格上的分裂和混乱——他(她)在不同的地方接受了不同的甚至是相互冲突的原则。中国的先贤早就讲过"知行合一",做学问和做人本身就是一枚硬币的两面,怎么能够把它们截然分开呢?失去了做人的准则,即使学到了再多的知识和技能,又有什么用呢?很可能还会给社会带来更大的危害。更何况,由于家庭环境、父母教育背景以及经济条件等各方面因素影响,并不是每个人都能从父母和家庭那里继承这些原则和习惯,因此更需要通过学校教育来加以弥补。

芝加哥公共图书馆

我们要让孩子在教育中感受和体会到每一天的进步和快乐,感受和体会到悄悄发生在自己身上的变化,逐步从懵懂无知走向理性成熟,不断使自己的人生目标变得更加清晰,使自己的价值观变得更加稳定,学会从平凡的日子中领悟生命的快乐和意义,明白发生在自己身上的行为的含义和后果,明确自己未来想成为一个什么样的人,应当通过怎样的努力去合法地实现自己的人生目标。我们不能让12年(或更长)的教育过程变成一个一个考试的准备过程,学习的唯一目的是为了跨越这一道道艰难的考试的坎。教育一旦变成了考试,竞争就会成为学校的主旋律,每一个学生都想方设法在竞争中胜出,那些无法胜出的学生就会慢慢丧失自己的希望,甚至绝望,因为胜出的永远是少数人,但他(她)们才是这个社会"沉默的大多数"。这个从小就开始的残酷过程会使学生更相信个人能力和"胜者为王"原则,既不懂得也不相信合作。但显然,无论从个人还是社会角度来说,教育都应当使人们更懂得合作的价值,而不是竞争的价值。

考试只是教育过程中的一个环节而已,其目的有二:一是为了检验一个阶段的学习成果,检测学生是否掌握了必要的知识。二是为了选拔。在优质教育资源有限的情况下,把那些和优质教育资源匹配度最高的学生选拔出来,让他(她)们接受相对更好的教育,使之更具有竞争力。考试只能为教育而服务,教育的目的从来就不是考试。如果一个国家和社会的教育资源极为充裕,理论上可以取消考试。欧洲许多国家的大学就取消了入学考试。但无论一个国家多么富足,都不能也不可能取消教育。经过30多年的不懈奋斗,中国已经取得了举世瞩目的伟大成就。但是当我们在拼命奔跑的时候,千万不要忘记我们为什么而出发。作为教育工作者,我们不能只是满足于完成某项工作。我们需要问的是:当我们这么做的时候,我们需要实现怎样的目标?

2013年12月12日初稿于芝加哥公共图书馆
2014年3月24日定稿于Stanford University

无法设计的人生[①]

由于职业关系,许多朋友希望我能够为他(她)们孩子的教育问题提供一些有价值的专业性咨询意见。问题不外乎是上哪个学校最好;上什么专业最好;是出国读书好还是在国内读书好;如果要出国,什么时候出去最好等。可以看出,每一个家长都竭尽全力想为孩子设计出一条最好的教育路线。其隐含的逻辑是,最好的教育等于未来更大的成就或更好的生活。但我反问的第一个问题往往令他(她)们难以回答:"孩子的想法是什么?"

中国的父母往往不知道自己的孩子在想什么,孩子越大越不知道。造成这种情况的原因有很多:一方面,通常情况下,爸爸都太忙,应酬太多,既没有时间也不善于和孩子进行平等坦诚的交流。即使偶尔抽出一点时间,往往不是问孩子学习成绩怎么样,就是不着边际地讲一通人生大道理,似乎除了这些

[①] 本文删节版发表于《中国青年报》2014 年 7 月 14 日第 12 版,题目为《无法设计的人生》。公众微信号"京城教育圈"在编发时加了一段评论:"读到这篇文章的时候,我想起了刚刚去世的美国喜剧明星罗宾·威廉姆斯,不是因为他让人笑得飙泪的喜剧天才,而是因为他在电影《心灵捕手》和《死亡诗社》中的教师形象。两部影片讲述的差不多都是 20 世纪 50 年代发生在美国学校的故事,主题则凸显'反抗和追寻'的色彩。无论是《心灵捕手》中的天才少年威尔,还是《死亡诗社》里热爱表演的学生尼尔,他们都因为身处消费主义和成功学泛滥的时代而无法逃离被精心设计的'精英教育'路线,为此迷惘、抗争乃至绝望。罗宾·威廉姆斯扮演的教师更像是心灵导师,用信任和智慧融化孩子们心中的坚冰,如同'船长'般引导、鼓励他们追寻内心的方向。当下咱们所处的环境,'小时代'景象无处不在,被后工业时代的消费主义和功利主义所裹挟的教育似乎很难放慢脚步,去听听受教育者内心的声音。今天的家长们(教育者)的确需要些农夫般的安静和坚忍,放弃些关于'完美教育'的掌控感,正如秦老师的文章所呼唤的。不过这需要实力和勇气,还需要制度设计和文化重建。——德宏观教"《读者》2014 年第 18 期(总第 575 期)转载。《现代青年》2014 年第 8 期同题转载。《杂文选刊》2014 年第 11 期同题转载。《才智》2014 年第 12 期同题转载。《教师博览》2014 年第 12 期同题转载。《启迪与智慧》2015 年第 3 期同题转载。《中华家教》2015 年第 3 期转载,题目为《孩子的人生无法设计》。

就不知道应该和孩子谈什么话题。父子(女)间的交流看上去特别像领导和下属谈心。妈妈虽然和孩子待在一起的时间比较长,但常常局限于生活上的照料而缺乏思想和情感上的沟通,或者失之于琐碎唠叨,叮嘱教训多而倾听分享少。另一方面,中国的父母总是认为,孩子什么都不懂,只要按照大人为之设计好的路线图付出努力,就一定可以获得一个璀璨的前程和美好的人生。孩子的任务是付出自己的全部努力,其他的事情不用管;家长的任务是尽一切可能为之创造最好的条件,不能在"拼爹"的竞争中落后。内因和外因完美结合在一起,还有什么理由不能取得成功呢?

吊诡的是,即使是按照最完美的路线教育出来的孩子,当他(她)们走上工作岗位、结婚生子之后,不成功不如意的人似乎越来越多。拿到了美国顶尖大学的博士学位却找不到满意的工作;在国家机关努力工作了十多年却连个副处也没混到;唱歌跳舞琴棋书画无所不精的高学历女生却一心要嫁给只有高中毕业的同学;工作上发展顺利的人没承想天天闹着要离婚……许多人心力交瘁地问我,当初为孩子费尽心思的设计有意义吗?

教育过程可以设计,但人生不行。人生的确需要目标,教育路线图尽可以被制定得尽善尽美,然而生活却往往不会按照预先写好的剧本上演。米兰·昆德拉说:"人类一思考,上帝就发笑。"没错,生活仿佛特别喜欢和人开一些不大不小甚至是残酷的玩笑。你越想追求的就越得不到,你拼命想躲开的却常常鬼使神差地找上门来。越想当官的偏偏就当不上,越想发财的偏偏越来越穷,想和一个相爱的人结婚却偏偏和一个自己最不喜欢的人生活了一辈子。除了学习和学术,甚至有时候学术界也不例外,"一分耕耘,一分收获"简直就是骗人的鬼话。最常见的情况是,你付出了百分之百的努力,却往往连百分之一的收获都得不到。有多少人禁不住仰天长叹:"为什么我付出了这么多却永远得不到我想要的结果?"又有多少人为此愤愤不平,牢骚满腹,总觉得老天不公,社会不均,却很少能够静下心来想一想,自己一开始的设计和追求是否正确。

没有人会觉得自己最初的目标不对,否则就不会追求。但问题的关键在于,当我们开始设计路线图的时候,我们不自觉地把追求的结果当成了人生的目标和全部。结果当然是我们所追求的,谁会去做一个明知道没有结果的事情呢？但如果仅仅为了结果而追求，我们就有可能走上人生的歧途。

任何结果——不管是好的结果还是坏的结果——都是确定的。然而生活却充满了不确定性。实际上，这正是近二十年来经济学所研究的核心问题：揭示生活中的不确定性并寻求解决之道。正因为存在不确定性，才会有理性预期；正因为不确定性带来风险，才会有保险、信托等一系列制度安排。未来充满了未知，一切都是不确定的，变数和偶然随处可见。丘吉尔曾经说过一句异常深刻的话："历史就是由一个又一个活见鬼事件组成的。"如果不是在那个时间那个地点发生了那个偶然的事件，很多历史都要被改写。因此，将确定的结果，而且往往一厢情愿地认为是好的那个结果，作为追求的目标，和生活本身内在的不确定性之间存在着深刻的矛盾，二者一旦遭遇，就会给追求者的心理带来相当沉重而痛苦的打击。

人的一生很漫长，但结果往往只有几个，最关键的结果常常只有一个。也就是说，人生的大部分时间是在等待结果中度过的。如果把结果视为生活的全部意义，那么这个人的一生一定过得非常焦虑、紧张和乏味。既不会让自己感受到幸福，也会给他人带来痛苦。特别是，得到好的结果还好说，如果遇到不好的结果呢？他（她）的人生还会充满抱怨和懊悔。

黄山

老实本分的农民很少抱怨。他（她）们在春天播种，夏天耕耘，满怀希望地等待着秋天能够有一个好收成。但是，当秋天到来的时候，一场突如其来的冰雹把所有的农作物都毁掉了。农民所能做的是什么呢？他（她）们总是默默地收拾停当，等到来年春天继续播撒希望的种子。在农民看来，收成固然重要，辛苦劳作大半年的目的就是为了获得一个好收成，但收成不是自己能够控制的。因此，重要的是做好每天自己能够控制的事情，深耕、浇水、除虫等，至于结果如何，就由老天决定吧。所谓"谋事在人，成事在天"，即由此而来。

过程之所以重要，是因为它是你可以享受其中的过程。在过程中，你有思考，有体验，有感悟，也有收获和进步。这些本身就充满了乐趣。结果之所以和过程相比不那么重要，是因为它只是一个时点的结果。你不可能永远处于那个时点上。就像登山一样，登顶的结果固然壮观，但你终究是要下山的。而登山途中所欣赏到的不同景致，滴下的汗水，都会让你由衷体会到由内到外的乐趣和舒服。然而，我们的学生现在越来越不重视过程，都是直奔结果而去。看书只看结论，做题只要答案，考试只要分数，上学只要就业，工作只要职务和薪水，至于阅读本身、思考过程、一天一天的经验积累，都被毫不吝惜地丢弃了。表面上看是社会的急功近利，实际上的根子在家长所设计的完美的教育路线图。因为在这样一幅路线图中，孩子没有任何主动性地参与，他们只是被动地按照家长的安排，得到一个预先知道的结果。他（她）们已经丧失了思考和判断的本能。

在很多时候，事情的发展往往会走向设计初衷的反面。小时候家里穷，父母连打带骂让我好好读书的目的是为了以后可以坐在办公室里上班，不用像他（她）们一样辛苦。现在父母看到我真的坐在办公室里上班了，却一天到晚比他（她）们当年还累，又常常后悔不应当让我读那么多书。朋友以前成天告诫女儿要好好学习，不许谈恋爱，把所有追女儿的男生统统骂走，但等女儿研究生毕业还没有男朋友的时候，又担心她会成为剩女，成天催她赶紧谈恋爱结婚，还四处托人帮忙介绍男朋友。还有的朋友看到身边的人纷纷把孩子送出国读书，也不甘落后地加入了这个行列，等孩子真的离开时，才发现没有孩子在身边的日子是多么痛苦。

今天，人们在批评中国教育功利化的同时，却又不断给孩子设定一个又一个目标，生怕在竞争中落后，输在起跑线上。功利化是中国教育的一个重要特点。"书中自有黄金屋，书中自有颜如玉""学而优则仕"等，古代人读书的确有一个现实的功利化目的。然而，我们常常忽视了中国传统教育的另一面，即重视读书对人修身养性的作用。在古代中国，诗书是最重要的传家之道，世家望族的家训中随处可见对读书的强调。一个人接受教育之后，能够"兼济天下"当然最好，不行的话，也可以"独善其身"。遗憾的是，今天的我们似乎只继承了功利化的一面，却丢弃了更为重要的修身养性的一面。功利可以是人们追求的结果，但如果没有修身养性加以平衡和调节的话，我们就会失去教育和生活的根本。

人生是一段旅程。生活的质量在于人内心的感悟。从这个意义上说，无论我们给孩子设计了多么完美的教育路线图，都必须倾听他（她）们内心的声音。不要以为孩子年龄小，什么都不懂。在移动互联时代，就资讯而言，他（她）们懂的可能比父母要多得多。家长认为孩子应该知道的和不应该知道的，他（她）们全知道，只不过不告诉你而已。如果我们意识到人生无法被设计的道理，放手让孩子自己去做决定，做他（她）们自己真正喜欢的事情，对自己的决定和行为负责，那么他（她）们的一生一定会过得更加快乐、幸福和充实。至少将来有一天，他（她）们不会充满懊悔地说，这不是我真正想做的事情，是父母替我安排设计决定的。毕竟，父母终有老去的那一天，未来的道路还要靠孩子自己去走。

2014年6月10日初稿于Oak Creek Apartments，Palo Alto，CA
2014年6月26日定稿于Stanford University

改革是为了更好地出发①

与改革开放同行的高考进入到了第 37 个年头。当前,中国正在进入全面深化改革的新时代,高考改革再次成为公众瞩目的热点话题。事实上,国家对于高考改革的探索一天也没有停止,只不过今天到了需要重新从战略高度进行顶层设计的时候而已。改革是为了更好地出发。

高考是一个简称,它的全称是"全国高等院校招生录取考试"。这套制度实际上由三个体系组成:一是统一时间的考试体系——其实也没有实现完全统一,分省命题后各省市的高考题目就不尽相同;二是各省市考试院或高招办独家管理的报考和投档体系;三是具备招生资格高校的录取体系。三个体系之间既有交叉,又相对独立。今天人们关注的往往只是第一个体系,即考什么、怎么考的问题,比如外语要不要考,考几次,权重是多少等;但高考制度改革的核心和根本,实际上是后两个体系,是政府部门如何转变职能和大学如何录取的问题。如果从这个角度看过去,就可以比较清楚地看到现行高考制度的弊端何在,以及为什么要改革,改革的着力点在哪里等一系列关键问题。

我将现行高考制度的弊端归结为两个字:僵化。僵化的原因是,作为国家考试,高考必须要统一,而统一必然带来僵化,因此僵化是内生性的。这种内生性的僵化虽然由于分省命题得到了一定程度的缓解,但却同时导致另外一些方面的问题。实际上,僵化主要体现在录取模式,它又分为四个方面:一是

---

① 本文删节版发表于《中国新闻周刊》2014 年 3 月 31 日第 11 期(总第 653 期),题目为《高考改革路线图》。

从运行机制上看,它带有强烈的计划经济特征。从"分省计划"的编制到报批再到录取,一切必须按照事先制订好的"计划"进行——招生计划可能是当代市场经济中国唯一还名为"计划"的东西——中间很难根据实际情况的变化进行调整。二是大学招生录取的依据只是一次考试成绩,而一次考试成绩显然具有比较大的偶然性。即使是同一个学生,参加两次考试的成绩排序也可能是不同的。所谓"一考定终身"的非科学性即来源于此。"一考定终身"并非指学生只能考一次——现行高考制度没有限制学生参加高考的频次——而是指这一次考试的后果对学生的影响实在太大:考上大学者和没考上大学者的命运可能截然相反。三是大学只能根据事先确定的分省计划名额从高到低划定录取分数线,分数线上的学生即使不适合也不能拒绝,分数线下的学生即使再优秀也无法录取。这是现行高考制度僵化性体现得最严重的一点,我称之为"分数刚性"。四是大学录取时必须将考生对应到具体的专业,专业被人为地根据当下社会的评价划分为三六九等,分别对应不同的分数,不同专业之间不得进行调整,特别是不得从低分专业向高分专业调整,完全忽视了学生的兴趣和未来社会发展的需求,并且背离了当代世界本科教育追求非专业化的主流趋势。实际上,这就是典型的苏联计划经济体制下的大学录取制度与中国古代科举制"分路取士"制度的古怪联姻,既违背了教育规律,也不符合现代市场经济的要求,更不能适应当代世界高等教育飞速发展的变化。当全球正在研究制造奔向太空的新型飞行器时,我们却还在努力让自己的马队跑得更整齐一些。

　　大学的首要任务是培养人才,招生是为这一根本目的服务的手段和方式。在技术进步日新月异的现代社会,按照不同的需求,大学招生可以分为几个层次:第一个层次是招收达到一定文化知识水平的学生,将他们培养成为具有正确价值观的合格公民;第二个层次是在第一个层次的基础上,招收适合自身人才培养特点的学生,将他们培养成为高素质的优秀公民;第三个层次是在第二个层次的基础上,招收具备发展潜能的学生,引导他们进入到感兴趣的领域,使他们逐步成长为未来推动社会进步的优秀人才;第四个层次是在第三个层次的基础上,招收具有创新精神的优秀学生,努力使他们成长为能够解决人类未知世界的难题,影响世界甚至改变世界的灵魂人物。这种着眼于人本身的成长进步的招生与培养理念完全有别于计划经济体制下把人训练成为符合国家工业化建设进程所需要的"螺丝钉"的招生与培养理念。

不难看出,上述四个层次的目标各有不同,因此,不同的大学应当有不同的录取标准——不是不同的录取分数,而不是只有一个录取标准。而且,越是到了更高的层次,对人的评价就愈加复杂,就愈加不能使用简单粗糙的方式。比如,怎样判断一个学生对什么领域感兴趣呢?再比如,如何观测一个学生是否具备创新潜质呢?这些都不是一个简单的高考分数可以回答的问题。如果只允许使用高考分数一个标准,那就很可能会丧失许多对人才评价非常宝贵和有价值的信息。所谓"一叶障目,不见泰山"。总而言之,僵化的单一标准太缺乏弹性,因而也就丧失了多样性和适应性。

如果仅仅只是录取制度自身的僵化倒也罢了,问题的关键在于,高考招生录取是"指挥棒",直接影响着向前延伸的基础教育和向后延伸的高等教育,由此产生了两大严重后果,所以不得不进行改革。

第一个严重后果是,中学教育完全被高考牵着鼻子走。高考考什么,学生背什么,而不是学什么。高考不考的内容则被忽略甚至被完全放弃。学生受教育的过程被功利化地异化成翻越一道一道考试门槛的过程。然而,有些对于一个人一生成长至关重要的内容是无法进行大规模统一考试的,现在它们都被边缘化了。比如说,体育很难进行标准化考试。因此,许多中学将体育课压缩到了极致,甚至取缔了体育课,结果导致当代中国青少年的身体素质可能是历史上最差的。再比如,道德素质根本无法通过考试进行观测。因此,道德教育令人奇怪地被等同于思想品德课。学生可以将课本上的道德条目背得滚瓜烂熟,在现实生活中却完全没有道德标准,在给室友的水杯里下毒时丝毫没有任何顾忌。单向的竞争压力和道德观念的缺失结合在一起,很容易诱发一个人的反社会行为。坦率地说,如果再不通过大学招生制度的改革引导中学、家长和学生认识到什么对于学生的成长而言是最重要的,那么若干年后,中国的大学校园里可能将只剩下大量只会考试却既没有思想也毁掉了身体的机器娃娃。他们占据和消耗了有限而宝贵的高等教育资源,却将那些更有才华也更优秀的学生排斥在大学校门之外。

第二个严重后果是,学生进入大学后完全不能适应大学的学习和生活。由于学生在长期的重复训练过程中已经丧失了至为宝贵的思考能力和学习动力,当他们进入大学之后,越来越难以适应大学的节奏并出现一系列严重的问题。某学期有一个学生选修了我的一门课,期末考试的分数不高。学生很不服气,也很委屈。按照他的话说,这是他入学以来得到的最低分,但他为这门课付出了最多的努力:上课最认真,每次都坐第一排,提问和回答问题都最积极,小组报告最投入。为什么考试分数并不高?接到他的投诉,我生怕冤枉了他,专门核查了试卷,结果发现我没错。于是,我逐题向他详细解释了为什么他的得分比较低。我告诉他,我完全可以根据他的上课表现给他一个高分,但我希望这个他从来没有得过的低分可以使他得到更多的东西。看了我的解释,学生给我回信说,长期习惯了应试教育的他,只知道背诵老师教的和书本上的知识,所以见到我那些开放性的题目,完全不知所措,只好把记忆里所有知道的东西都一股脑地写下来。可问题在于,我的试题要求学生必须写出自己的而不是别人的观点,而这恰恰是他所缺乏的。他最后对我说,也许多年以后,我在课堂上讲过的内容他都会忘记,但他永远会记住这个他在大学里得到的最低分和它的含义。因此,他不再要求我更改成绩。虽然我对这个学生的转变感到欣慰,但显然,如果没有应试训练所造成的如此严重的影响,也许他可以在大学里成长得更好。大学的重要意义并非在于教会学生掌握多少前人已经知道的知识,而是在于使学生获得未来发现未知世界的能力。如果做不到这一点,大学就不能称之为大学,而只能是职业技能培训学校——当然,它也有自身存在的价值。

上述两大后果将直接损害中国本土人才培养的质量和竞争力,这也许是中国未来所面临的最严峻的挑战之一,特别是在人口红利逐渐消失、老龄化日益加剧的情况下更是如此。因此,尽管大一统的高考制度在保障公平方面具有不可替代的作用,它也必须在保证公平的前提下变得更加多样化和富有弹性,从而增强适应性。正如一个人不可能拎着自己的头发离开地面一样,如果国家考试制度无法克服其内生性的僵化,那么,通过战略性的制度重组,将考试的僵化限定在一定范围之内,增加大学招生录取体系的弹性,进而缓解甚至消除整个高考考试招生录取制度的僵化,也许是一个稳健务实的改革路线图。至于由此带来的对公平可能造成的影响,需要相关配套制度,例如公示制度和加强监督等,一一予以完善。这恰恰就是始于 2003 年的自主选拔录取改革试点工作的出发点和走过的道路,也是党的十八届三中全会确立的深化考试招生制度改革的内容和方向:"探索招生和考试相对分离、学生考试多次选择、学校依法自主招生、专业机构组织实施、政府宏观管理、社会参与监督的运行机制,从根本上解决一考定终身的弊端。逐步推行普通高校基于统一高考和高中学业水平考试成绩的综合评价多元录取机制。"

2014 年 3 月 3 日凌晨初稿于 Oak Creek Apartment

2014 年 3 月 7 日定稿于 Stanford University

高考改革方案的信息发布要统一权威[①]

自 2013 年以来,关于正在制定中的高考改革方案,不断有媒体根据业内人士提供的消息,"曝出"方案的部分内容,有些还相当详细,甚至包括了具体科目和确定的时间表。每一次的新闻都引起了社会的广泛关注和讨论。但吊诡的是,几乎每一次当事人都会在事后出来"辟谣"和"澄清",声称相关消息系"媒体误读",仅仅代表"个人观点"。教育部发言人很辛苦,每一次都要因此面对媒体,不断重复强调相同的辞令。想必她的心里也不大痛快——如果没有这些消息和"误读"的话,也许她的工作量会少很多。

作为一项牵涉千家万户切身利益的重大改革,在方案制定过程中广泛征求社会公众意见,汲取人民群众的智慧,本身无可厚非,甚至十分必要。这体现了政府在政策制定和决策过程中的发展和进步:信息公开,程序民主。然而,就高考改革方案本身而言,在正式方案内容尚未公开征求意见之前,应当统一信息发布渠道和程序,以避免所谓的"个人观点"通过非正式途径被"不断误读"为官方信息,从而引发社会公众不必要的猜测和疑虑,甚至会因为社会舆论的突然变化而对改革方案制定本身造成冲击,乃至使改革停滞或流产。

从传播学角度来说,信息发布的首要原则是真实。这句话隐含的意思是,不真实的信息是不应当被发布的,更不应当发布给社会公众。什么样的信息是真实的呢?就是它要符合客观实际情况,不能说假话。就高考改革方案而

[①] 本文删节版发表于《中国青年报》2014 年 5 月 23 日第 2 版,题目为《高考改革方案的信息发布要统一权威》。

言,如果业内人士所发布的信息是真实的,那么当事人就不应当在事后出来"澄清";反之,如果业内人士所发布的信息是不真实的,那么当初他(她)就不应当去发布。我很想请那些业内人士回答一个简单的问题:您所发布的信息是真实的吗?

信息发布的第二个原则是准确。准确和真实有一点儿接近,但不完全是一回事,真实的东西不一定准确。准确不仅意味着真实,它更意味着严格真实——表述或者描写与事实的相配程度更高,是就是是,不是就是不是。准确带有一定的客观性,要求所发布的信息和实际情况没有任何出入,也不会因为有所隐瞒而让人误解。有些信息是真实的,但信息发布者可能因为各种原因隐瞒了一些关键性的内容,这时候它就不能被认为是准确的了。信息发布,尤其是面对公众的信息发布必须是准确的,不能有令人产生歧义的意思表示。就高考改革方案而言,如果业内人士所发布的信息是准确的,那么就不应当存在媒体误读的情形,除非媒体故意要误读——虽然有时候媒体为了吸引眼球也会成为"标题党",不过这几次好像表现得没那么不专业,至少是转述了业内人士的原话;反之,如果业内人士所发布的消息是不准确的,那么当初他(她)就不应当去发布。我同样很想请那些业内人士回答一个简单的问题:您所发布的信息是准确的吗?

第三,关涉公共利益——特别是重大公共利益——的信息发布必须权威和统一,否则很容易造成公众的误解和恐慌,极端情况下甚至会引发相当大的混乱乃至骚乱。比如,地震预报信息的发布权在政府。属于地震系统的任何一级行政单位、研究单位、观测台站、科学家和任何个人,都无权发布有关地震预报的消息。个人发布地震预报信息造成严重后果的要承担法律责任。再比如,重大动物疫情由国务院兽医主管部门按照国家规定的程序,及时准确公布。其他任何单位和个人不得公布重大动物疫情,否则也要承担法律责任。表面上看起来,教育信息发布似乎不属于国家统一发布制度之列,但高考对于中国人而言实在是太重要了。它不同于一般意义上的信息。那些有孩子要参加高考的家庭更是对一切有关高考的信息高度关注,仿佛有一根看不见的线在随时牵动着他(她)们脆弱的神经。他(她)们的心就像是漂在波涛汹涌的浪尖的一叶扁舟,一会儿在波峰,一会儿又在谷底。高考诈骗之所以能够屡屡得手的一个重要原因就在于骗子充分利用了家长的这种心理。谁能准确评估出在高考领域内发布错误或者不准确信息对家长和学生所造成的心理影响甚至是伤害呢？在中国,高考改革方案属于典型的具有重大影响的公共信息,理应由权威的教育行政机构在得到国务院授权的情况下统一发布。其他任何机构（更不用说个人）都没有权力发布这一类信息。

那些业内人士辩称,我谈的只是个人观点,不属于信息发布。此话并非不对,但由于业内人士的特殊身份特征,这些"个人观点"带有了强烈的"内幕信息"的色彩。退一万步讲,即使是个人观点,由于关涉高考改革方案制定的大局,有关人士也应当出言谨慎,特别对于尚未确定的内容,最好不说,以免引起公众不必要的联想和疑虑。一方面,高考改革不同于一般意义上的学术研究;的确,它属于教育学范畴。围绕着高考本身,教育学、社会学、法学和经济学等不同领域的学者可以开展非常多样化的实证和规范研究。实际上,在如何根据中国国情和文化背景开展更具科学性的考试研究方面,我们重视和实际投入的程度还远远不够。另一方面,高考又是政策性极强的领域。由于社会公众的高度关注,它会产生非常强大的"蝴蝶效应"——稍有风吹草动,就可能造成严重后果。多年来我对此深有体会。一般意义上的学术研究,可能满足的只是学者自身的好奇心和学术趣味,但关于高考的学术研究成果一旦上升为具体政策,或者仅仅只是对具体政策的制定产生间接影响,也立即会对千家万户的切身利益产生巨大的甚至是难以估量的后果。这个后果没有任何人能够承担。正因为此,历朝历代无不对"科场"给予高度重视。也正是在这个意义上,我始终主张,关于高考改革可以大胆地设想,坚定地前进,但一定要谨慎地实施。

高考改革同时又是非常敏感的话题。敏感是因为它牵涉千家万户的神经和利益。每个家庭都有孩子,每个孩子都要参加高考（至少理论上如此）。一个人的成就再大,地位再高,在面对自己孩子参加高考的问题时,一样会六神无主,"神经兮兮"。正所谓"关心则乱"。在涉及实际利益时,人们往往考虑的是个人利益的最大化。但问题在于,现代博弈论已经深刻地揭示出,个人理性和集体理性往往是相互冲突的。个人理性很可能会导致集体的非理性——当每个人都在追求个人利益最大化的时候,最后的结果很可能是所有人利益的最小化。这正是霍布斯所揭示的"丛林世界"的危机。为了解决这个问题,需要由一个代表公共利益的机构——往往是政府——从公共利益最大化的角度出发去建立社会契约,进行制度设计,以最大限度地实现个人利益最大化和公共利益最大化之间的"通约"。当然,他们这样做的时候,有时候也会不得不牺牲掉一小部分人的个人利益。这就是少数服从多数的民主原则和政府的由来。就制度本身而言,高考改革方案不可能实现每一个人的利益最大化——高考本身就是竞争性的选拔,胜出者只能是少数,不可能通过高考满足每一个学生上好大学的愿望,而是只能根据效率和公平原则,最大限度地满足多数人的符合实际的现实愿望。即便这一点,事实上也很难做到。因为在优质教育资源还相对缺乏的情况下,利益没有得到满足的总是大多数。他(她)们的不满意乃至批评几乎是必然的。

其实,那些业内人士所披露的关于高考改革方案的信息,在另一些业内人士看来,并非什么惊天的秘密。任何领域的改革方案制定都不可能是主管部门"闭门造车",总要在不同的范围内征求各方面专家的意见。圈内人对此实际上已经不知讨论了多少遍。问题在于,这些正在讨论的议题和方案内容,有必要在正式公开征求意见之前通过非正式的渠道向社会公众披露吗?还是那句话,如果有必要在现阶段征求社会公众的意见,就应当正儿八经地通过正式渠道公布相关内容;如果条件还不成熟,就应当严格禁止相关信息通过非正式途径泄漏,以免对社会公众造成困扰,影响人们日后的正确判断。现在出现的这种情况,难免给人一种粗糙、不严肃,至少是缺乏职业精神的感觉。这种感觉并不令人愉快,今后还是少出现一些为好。

2014年5月18日初稿于Oak Creek Apartments, CA
2014年5月20日凌晨定稿于Oak Creek Apartments, CA

改革,究竟改了什么?
——解读《国务院关于深化考试招生制度改革的实施意见》①

千呼万唤,万众瞩目的《国务院关于深化考试招生制度改革的实施意见》(以下简称《实施意见》)终于在如画的初秋正式浮出水面。和以往只是围绕着考试科目做文章的"小打小闹"不同,这一次的改革方案深刻地回答了为什么改、改什么和怎么改等一系列根本性问题,既有宏观上的理念创新,又有微观上切实可行的政策措施予以保障。这是自1977年恢复高考以来国家在教育领域实施的最全面最系统的顶层设计,堪称中国教育史和中国考试招生制度史上新的里程碑。

社会公众对此次改革充满期待,此前亦有不少预测。那么,新的考试招生制度改革,到底带来了哪些新的变化?顶层设计,究竟"顶"在何处?

从长期来看,《实施意见》第一次明确了教育改革的终极目标,即把促进学生健康成长成才作为改革的出发点和落脚点,从而将教育拉回到正常的轨道上来。众所周知,中国是世界上最早通过统一考试制度选拔人才的国家,科举制绵延千年,其影响至今犹存。然而,为什么要实行高考?考试招生的目的是什么?是为了高校选拔人才,还是为了促进基础教育发展?抑或是实现其他

---

① 本文删节版发表于《中国青年报》2014年9月5日第1版,题目为《新一轮高考改革究竟改了什么》。2014年9月4日,《国务院关于深化考试招生制度改革的实施意见》(国发〔2014〕35号)正式公布,标志着新一轮考试招生制度改革全面启动。

社会目标？教育的目的是为了考试，还是考试的目的是为了教育？实际上，对于这些问题，我们并没有真正想清楚。

30多年来，我们一直在围着高考分数转：大学想方设法招收分数高的学生；中学千方百计提高学生的分数；学生和家长倾尽全力获得更高的分数；培训机构绞尽脑汁研究提高分数的技巧。但这个分数有什么用呢？录取结束之后，人人弃之如敝屣。既然如此，为什么我们还要花费巨大的时间、精力和金钱去拼命追求这个价值并不高的分数呢？关键原因在于，高考分数是大学招生录取的唯一依据。

不要说你多么优秀，多么有才，高考分数到不了录取线，一切免谈。学生的身体健康重不重要？重要，但身体再好，对提高分数的贡献率为零，也就可以不锻炼身体。学生的价值观重不重要？重要，但品德再好，对提高分数的贡献率为零，也就可以没有任何道德约束，等等。不是说人们不知道什么是好的教育，不是说家长不心疼自己的孩子，然而，在残酷激烈的入学竞争面前，理性的中学、学生和家长只能选择分数，不得不为获得更高的分数而狠下心来舍弃其他对人的健康成长更有价值的经历和体验。每个人都不由自主地被裹挟进一个低水平的"分数陷阱"而无法自拔，一边咬牙切齿地诅咒，一边义无反顾地成为"分数拜物教"的奴隶。那些企图与之对抗的中学、学生和家长几乎都成了唐·吉诃德式的悲剧英雄。越来越多的人开始用脚投票，远走他乡，只是为了孩子的教育。

这是典型的个人理性所导致的集体非理性——教育在考试和分数的双重挤压下被异化了。

从这个意义上说，这次改革真正体现了"以人为本"的理念。也就是说，通过制度上的顶层设计，明确无误地向社会传递出一个信息：从促进学生健康成长成才出发，老师该教什么就教什么，学生该学什么就学什么，不要再一天到晚围着高考分数打转。因为，大学招生录取的"指挥棒"已经变了。

变在哪里了呢？变在大学招生录取的模式。恢复高考以来的30多年里，大学招生部门实际上只做了一项工作——录取，即根据事先编制好的招生计划，按照省级考试机构提供的高考分数和学生报考志愿，从高到低顺次录取，录满为止。

严格地说,这不是招生。因为大学招生办公室根本没有见过学生长什么样,既不了解他(她)们的想法是什么,性格怎么样,也不清楚他(她)们具有什么样的趣味和特点,等等。就像两个从来没有见过面的人仅仅根据"父母之命,媒妁之言"就入了洞房,成了夫妻,这样的婚姻怎么可能幸福呢?实际上,在传统模式下,大学录取的只是一个个冷冰冰的分数,而非招收一个个活生生的人。高校人才选拔原本是一项集科学、经验和直觉为一体的高智力工作,却变成了一项根本不需要任何智力投入就可以凭借计算机完成的体力活,这也许是中国教育史上最不可思议的悖论之一。

现在,大学招生录取的模式变成了"两依据,一参考",也就是依据统一高考成绩和高中学业水平考试成绩,参考综合素质评价,实行多元录取。在这种情况下,大学必须要根据自身办学定位和专业培养目标,研究提出对考生高中学业水平考试科目报考要求和综合素质评价使用办法,并提前向社会公布。因此,除了高考分数之外,诸如价值观、创新精神、批判性思维、实践能力、社会责任感等对于人的成长成才至关重要的综合素质都可以进入大学招生录取的环节,并且可能成为大学更为看重的录取依据。学生也可以根据大学事先公布的人才选拔要求,结合自身兴趣和特点,有针对性地主动选择大学,而不是根据高考分数被动地将自己"卖一个好价钱"。如此,通过大学和学生两方面的交互作用,实现了对基础教育的正确引导。

《实施意见》突出强调了招生录取的公平公正,其影响将是长期的。此外,它并没有将注意力全部集中于考试招生本身,而是进一步强化了考试招生制度作为国家基本教育制度内生的在实现代际转换、社会阶层流动、改变个人和家庭命运等方面所具有的不可替代的功能,不但旗帜鲜明地将促进公平公正作为改革的基本价值取向,而且提出了一系列明确具体的政策措施予以保障。这些措施包括:提高中西部地区和人口大省高考录取率;增加农村学生上重点高校人数;完善中小学招生办法破解择校难题;减少和规范考试加分;完善和规范自主招生,等等。每一项措施都提出了清晰的时间表和路线图,有些甚至严格规定了具体数据指标。实际上,这些社会反映强烈,广大人民群众不满意的热点难点问题由来已久,但总是出于这样那样的原因,不能得到根本性的有效解决,有些甚至已成积重难返之势。看来,这一次是要动真格的了。

从这个角度上说,尽管此前社会上曾经流传了高考改革方案的多个版本,但没有一个版本具有《实施意见》的超越性。"治大国若烹小鲜"。它跳出了教育本身的视界,站在政治与社会的高度,通过考试招生制度这一具体而微的改革,努力实现中国社会阶层的正常流动,重建社会的正义、公正与公平。因此,和人们的预测相反,新的高考改革方案并非要弱化甚至废除高考,而是在坚持高考的权威性和公平性的基础上,进一步采取有力措施,深化改革,着力解决人民群众反映强烈的问题,不断提升高考的科学性和有效性。实际上,这正是长期以来国家始终坚持的高考改革立场:一要坚持,二要改革。

细细品味,《实施意见》比较了解当前教育的真实状况,也很明了老百姓对于教育的期盼、呼声和诉求;同时,它也是一份相当务实的文件,指向明确,措施清晰,既考虑到改革的实施次序和步骤,也为未来进一步的改革提供了足够的空间和想象力。当然,对于《实施意见》本身,社会各方人士出于各种因素也许还会有这样那样的不同意见或疑虑;落实好《实施意见》的各项政策措施,对于尚未做好充分准备的政府(既包括中央也包括地方)、大学、基础教育机构以及学生、家长来说,仍然是一个巨大的挑战。我们既要对改革充满期待,同时也要清醒地认识到改革过程中可能出现的种种困难和障碍,尤其要防止历史上曾经出现过的诸如"新瓶装旧酒""上有政策,下有对策"等现象。未来需要做的工作实际上还有很多很多。

但无论怎样,考试招生制度改革的这艘大船毕竟启航了!

2014 年 9 月 4 日凌晨初稿于 Oak Creek Apartments,Palo Alto,CA
2014 年 9 月 5 日定稿于 Stanford University

《实施意见》的教育公平价值取向[①]

在国务院正式颁布《关于深化考试招生制度改革的实施意见》(以下简称《实施意见》)之前,社会上曾经流传了关于高考改革的诸多版本,但没有一个版本具有《实施意见》的内在超越性。"治大国若烹小鲜",作为由中央深化改革领导小组审议通过、国务院颁发的纲领性文件,《实施意见》跳出了教育本身的视界和格局,不仅仅着眼于高考招生制度的内容与形式等技术性问题,而是以更加高远的视野和更加恢宏的气度,将促进公平公正作为改革的基本价值取向,通过考试招生制度这一具体而微的"手术",进一步强化了教育在实现代际转换、促进社会阶层流动、改变个人和家庭命运等方面所具有的不可替代的功能,努力重建社会正义、公正与公平。从这个意义上说,这不啻是一场深刻的政治和社会变革。

"不患寡而患不均",通过公平实现正义,是中国社会数千年来始终未易的基本诉求。自唐宋以降,科举制之所以长盛不衰,甚至其影响至今犹存,一个关键原因是通过这种人人平等的考试选拔人才,实现了社会阶层的正常流动——在明清两代,至少有超过一半的中举者祖上三代是纯粹的布衣——从而保证了中国官僚社会的超强稳定性和文化延续性。1977年恢复高考之所以一夜之间改变了千百万人的命运,也不过是因为它提供了一个人人平等参与的考试机会和创造未来美好生活的希望。然而,事物总是在运动中向其相

[①] 本文删节版发表于《中国高等教育》2014年第20期(总第531期),题目为《促进公平公正:高考改革的价值取向》。

反的方向转化。运行了30多年的高考制度，也在不知不觉中走向了自己的对立面，而且已经到了不能不改的地步。

一个社会反映强烈的突出问题是区域、城乡入学机会存在差距，特别是中西部地区和农村学生上重点大学的比例偏低。造成这一局面的根本原因是以分数为唯一录取依据的高考招生录取制度。乍看起来，这一点似乎难以理解：难道分数面前人人平等错了吗？

事实上，"分数面前人人平等"只是一个抽象原则，就像"法律面前人人平等"一样，在人类社会中从未真正实现过。理解这一点的关键在于教育投入。大多数人没有意识到的是，分数的确是一个看得见的标准，但这个标准和看不见的社会经济地位紧密相连。当家庭与家庭之间的收入差距不大（因而在教育投入上的差距也相应不大）的时候，分数的确是平等的；但当家庭与家庭之间的收入差距开始加大的时候，每个家庭在教育投入上的差距也相应加大：父母都在努力为孩子的未来提供最好的教育条件。在这种情况下，分数就开始变得不平等了：那些能够支付更高费用的家庭可以从一开始就把孩子送进质量更高的学校，或者通过雇佣更富于经验的教师而接受更有效率的辅导与训练，从而可以在一系列升学竞争中获得更高的分数并保持整体上的优势。这个事实正是恢复高考30多年来所体现的社会变迁：30多年前的高考分数是人人平等的，因为那时候几乎所有人面临的教育投入是大体相同的；30多年后的高考分数可能不再平等，至少不像表面上看起来那样平等，因为除了政府教育投入存在差异之外，家庭之间的教育投入差异越来越大，并直接影响了分数生成。从这个角度说，以分数为唯一录取依据的考试招生制度事实上使农村学生在整体上处于不利地位。

许多人认为，只要做到绝对按照分数录取，农村学生就不会处于劣势，甚至还会占有优势，因为和城市学生相比，他（她）们更加刻苦，也更擅长死记硬背，因此能够在考试中获得更高的分数。这是想象出来的故事。实际上，且不说高考不可能只考死记硬背的知识点，也不论这样做将会给农村学生的长远发展带来怎样的伤害，退一万步说，即使真的设计出这样一种考试，农村学生的处境也不会得到任何改变，反而有可能更加恶化。原因很简单，考试的形式和内容越是模式化，大学招生录取制度越是僵化，中学和培训机构就越有积极性增加投入去雇佣更优秀的教师总结应试技巧和规律，城市学生和家庭经济条件优越的学生就越有机会和可能性去接触和掌握这些技巧和规律，并通过高强度的重复性训练而在考试中获得高分。从表面上看所有人似乎都处于同一个起跑线上，但和人高马大的城市学生相比，先天营养不良的农村学生又怎么可能在整体上具有竞争力呢？

分数只是一个结果。我们不仅需要知道具体的分数，还需要了解学生是在怎样的环境和条件下得到的这一分数。同一个分数，对于北上广的学生和"新西兰"的学生而言是不一样的；对于北京市海淀区和北京市延庆县的学生而言也是不一样的；甚至对于北京市海淀区一个大学教授家庭的学生和一个低保户家庭的学生而言仍然是不一样的。对于后者而言，他（她）们为获得某一分数所要付出的努力与艰辛和前者相比要多得多。这也意味着，他（她）们可能比前者更有毅力，更有决心，更有韧性，也更有可能成功。如果没有包括综合素质评价在内的多元录取制度，如果只有高考分数这个唯一录取依据，如果不能在大学招生录取中设计出一些特殊政策去寻找这些社会经济地位相对弱势的群体所具有的优势，社会就有可能被新的世袭制和等级制所固化，我们就既无法实现真正意义上的平等，也在事实上损失了效率，却在表面上看起来维护了公平原则的绝对权威。这真是一个绝大的讽刺！

实现教育公平是世界性的难题，不光中国独有。实际上，只要以考试分数作为大学招生的唯一录取依据，都会导致越来越严重的教育不公，这已经被我国台湾和香港地区以及新加坡等地区和国家的发展历程所证实，并迫使其不得不进行改革。当然，不以高考分数为唯一录取依据也可能导致另一方面的问题：腐败、请托以及不诚信，等等。这也许正是人类知识所面临的有限性：永远不可能存在完美无缺、一劳永逸的解决方案。但办法总比困难多，"干中学"，边干边总结经验，也许不失为一个灵活务实的现实性选择。

2014 年 9 月 24 日初稿于 Stanford University
2014 年 9 月 26 日凌晨定稿于 Oak Creek Apartments，Palo Alto，CA

我对浙江高考改革试点方案的忧虑[①]

2014年下半年,按照《国务院关于深化考试招生制度改革的实施意见》(国发〔2014〕35号)精神,浙江省发布了高考招生制度综合改革试点方案,详细规定了考什么、怎么考、如何录等核心问题,既是今后一段时间浙江省高考招生录取的政策依据,同时也为其他省市制定高考改革方案提供了参照系。沿着中国改革的逻辑和路径推断,经过几年试点并总结经验,这一方案有可能在全国范围内全面推广。

现代制度经济学的基本原理认为,制度设计是一个存在相互依赖关系的利益相关者多次重复博弈的过程。理解这一点的关键是,任何制度都不是静态的。不存在一经设定只需落实执行就可以万事大吉的制度。现实往往呈现出更为复杂多变的情形。由于政策制定者和其他利益相关者的目标函数不一致,在制度施行过程中,各方利益相关者并不会按照政策制定者的立场和逻辑去行动,而一定会从自身目标出发,追求利益最大化的实现方式。政策落实为什么经常会"走样",之所以出现"上有政策,下有对策"的现象,原因就在于此。一般说来,围绕高考招生改革存在四个主要的利益相关者:政府、大学、中学、考生(家长),他(她)们的目标函数并不一致,很容易在多次重复博弈中导致个人理性和集体理性相互冲突的"囚徒困境"。因此,必须有这样的思想准备:浙江高考改革试点方案的实施有可能不会一帆风顺,甚至出现当初政策制定者

[①] 本文发表于《中国青年报》2015年2月2日第10版。编者加了肩题:"学生和高校自主选择权不落实,播下龙种可能收获跳蚤。"

意想不到乃至和改革初衷完全背道而驰的情况,不可不未雨绸缪。

根据浙江省教育厅的解读,改革方案的核心理念是在确保"公平、公正"的前提下,"扩大教育的选择性"。首先考虑是否有利于学生选择,是否有利于高校自主权扩大。"因为好的教育,必然是在学生、学校不断的选择中实现的。"这的确是一个相当先进的理念。果能实现,必将是中学基础教育和大学招生录取改革的重大突破和福音。然而,我在浙江调研的过程中,却嗅到了另外一丝可能的危险味道。我判断,如果这种可能性成为现实,非但不会实现政策制定者所追求的"好的教育",极有可能出现的是恰恰相反的"坏的教育"。

高考招生录取的选择性涉及两个方面:大学和学生,二者相辅相成。令人遗憾的是,浙江方案几乎完全排斥了高校在招生录取过程中的主动选择作用。招生录取的主体应当是大学,现在的主体变成了省教育考试院。从表面上看,方案似乎给了高校一定的选择权——高校可以根据自身人才选拔和培养需求,预先提出招生录取的相应科目需求。但实质上,高校在两年之前提出科目要求之后,就完全丧失了主动选择学生的任何可能性。它最终见到的仍然是"分"而不是"人"。如果提出科目需求可以算作选择权的话,理论上这样的选择权,高校可以不要——它不是问题的关键,不要也无伤大雅。坦率地说,按照这一方案,高校招生办公室可以取消,只需将录取通知书交给浙江省教育考试院,由其按照专业和考生成绩顺次填写录取名单并寄给考生即可。录取通知书既不需要大学校长的签名,也不需要由大学招生办公室寄送,那样反而增加了不必要的成本。按照《国家中长期教育改革和发展规划纲要》精神,省级教育考试机构的职能应当是逐步弱化的,为什么现在反而得到了进一步的强化呢?这难道不是改革的倒退吗?

学生的选择权同样不可能得到完全实现。对学生而言,选择性体现在,除语、数、外3门高考科目之外,学生可以在高中学业水平考试的7个科目中自由确定3个选考科目。从理论上说,7选3存在35种组合。学生可以根据自己的兴趣,扬长避短,文理交叉,选择自己最擅长的3门作为选考科目。这完全是书斋里的想象,而且只推演了最好的一种结果。实际上,由于多个利益相关者从不同的目标函数出发,分别采取自身利益最大化行动,有可能出现多种复杂甚至是坏的情况。

　　浙江方案的一个基本假定是学生具有完全的选择意愿和选择能力,但在目前条件下,这一假定并不成立。我们必须意识到,学生是在中学里接受教育并完成学业的。长期以来,在高考成绩这柄达摩克利斯之剑的指挥下,学生普遍被训练成了"刷题"(而非"做题")机器,他(她)们已经基本丧失了主动选择的意愿和能力。许多学生不知道自己喜欢什么,甚至不知道自己不喜欢什么,只会按照老师和家长告诉他(她)们的明确要求去执行。不但学生不具备选择意愿和能力,由于教育背景限制,家长同样也不具备。因此,在面对人生最重要的一次高考志愿填报的选择上,中学(老师)掌握了相当大的控制权。也就是说,学生的选择权在很大程度上将被中学(老师)的选择权所替代。他(她)们可以左右甚至决定学生的选择。

　　从表面上看,中学(老师)和学生的目标函数是一致的:学生希望上大学,上好大学;中学(老师)也希望自己的学生上大学,上好大学。但实际上,这一假定只对极少数成绩优秀的学生成立。在更普遍的意义上,二者的利益可能完全不一致。原因在于,学生是个体的,他(她)所追求的利益最大化是能够进入最好的大学,尤其是进入到原本按照自己的分数和能力可能进不去的大学;中学是整体的,它所追求的利益最大化是全体学生中进入好大学,尤其是北大、清华这样的顶尖大学,从而获得更高的社会声誉、地位和资源。由于学生的成绩是不同的,为了追求整体利益最大化,中学最有可能采取的竞争性策略就是"田忌赛马":以自己的"上驷"对其他中学的"中驷",以自己的"中驷"对其他中学的"下驷",以自己的"下驷"对其他中学的"上驷"。

　　在"田忌赛马"的逻辑下,中学很可能不会允许学生去"自由选择",而是代替学生进行选择,在7个选考科目中整体性地选择本校师资力量最强(或顶尖学生最擅长)的3个科目,然后将全部资源投入到可能产生成绩最大化的这3个科目上,对学生进行集中强化训练,从而在激烈的竞争中取得压倒性优势,实现"上驷"最大化的战略目标。同时,在高考填报志愿过程中,引导甚至强迫本校学生全部选择这3个科目——除少数学生外,绝大部分学生也会接受这样的要求,因为他(她)们在这3科上所接受的训练更充分,又何乐而不为呢?

由此可能出现的第一种情况是，如果大学所要求的科目高度集中，例如工科院校要求物理、化学和生物，文史类院校要求历史、地理和思想政治——在目前中国大学教育高度同质化的情况下，这是很可能出现的现象。因此，大学提出科目需求的意义并不大——那么，中学仍旧会将资源投入到这 6 个传统科目上。所谓"文理不分科"就成了纸面上的表述，中学在实际教学过程中仍然会"文理分科"，而且可能分化得更为严重。原因很简单，分工产生效率。资源越是集中到某一学科，专业化训练程度越强，学生所取得的考试成绩就可能越高。

第二种情况是，在资源有限的情况下，一旦中学将自己最具比较优势的某 3 科作为集中攻克的对象，强化训练一批具备竞争力的"上驷"，就会不得不放弃其他 4 科。中学既不可能平均使用力量，也无此必要，因为只要"集中优势兵力"，突破 3 科就可以实现自己的战略目标。由此可能导致的结果是，中学将逐步演化为一个一个"特色"鲜明的专科学校。由于浙江方案的录取模式是"志愿清"（分数直接和专业挂钩），这一点得到了更进一步的强化。政策制定者当初设计的为学生提供多样化的选择机会就变成了一座看上去很美的空中楼阁。这完全是和当代高等教育潮流背道而驰的方向。在中国大学正在千方百计在本科阶段推行通识教育、淡化专业的今天，承担着为高等教育输送人才责任的中学反而在基础教育阶段强化了专业训练，这岂非是咄咄怪事？它将产生两方面的严重影响：对大学而言，将不得不在新生入学之后花费极大气力来扭转学生的思维方式和学习习惯；对中学而言，在本该开阔视野，打下扎实基础的阶段，却完全沦为向高等教育输送生源的分数加工厂和职业技术训练班。这两种作用力叠加在一起，将对中国教育产生深远且不可逆的破坏性影响，思之令人不寒而栗。

第三种可能出现的情况是，在目前突出强调公平的社会环境下，特别是高校普遍尚未积累起足够的进行综合素质评价的知识和经验的条件下，顶尖大学很可能最终按照语、数、外 3 门高考成绩录取。高中学业水平考试本质上是水平考试而只具备部分选拔性功能（具体体现在加试题上），加之获得最高等级的群体比例过高，其区分度十分有限。如果仍然以分数作为招生录取的唯一依据,大学将不得不选择只按照语、数、外3门高考科目成绩来录取,以避免社会质疑。由于语、数、外3科在总分中的权重较大,中学势必会选择将其作为应试训练的主要科目,物理、化学、生物等基础性理科教育将受到极大削弱。这一现象已经在江苏省前几年的高考改革中出现,曾迫使北大、清华等顶尖大学不得不大幅度削减在江苏省的高考招生计划,而相应大幅度增加自主招生名额。事实上,根据我们所做的实证研究,近年来江苏籍学生进入大学之后的数理水平呈现出越来越明显的下降趋势,在参加物理、化学等国际奥赛的顶尖学生中,已渐渐难觅江苏籍学生的身影。自南宋以降,江浙历来是中国文脉所系,也是近现代中国理科基础学科人才培养最重要的基地,产生了一大批学贯中西的学界泰斗,江浙籍院士是中国科学院院士中规模最大的群体。如果因为招生考试制度改革而影响到江浙学生对数、理、化等基础学科的兴趣,进而削弱其能力,对于中国未来长远发展将产生难以估量的影响。这个问题应当引起有关方面的高度重视。

北京大学图书馆

只要高考招生录取仍然以分数为唯一录取依据,或者分数在其中起决定性作用,社会、考生和家长就必然以考上北大、清华等顶尖大学的学生数量来衡量一所中学的教育质量,中学(校长)就一定会按照自身利益最大化的原则去寻找、训练自己的"上驷",也必然会牺牲掉大部分"下驷"学生的利益,使他(她)们沦为少数成绩优秀学生的"陪读"。这种个人理性和集体理性的冲突不以任何人的意志为转移,也绝非口号、呼吁、文件甚至严厉的行政管制措施所能改变。

浙江高考改革方案已经公布,未来将按照这一方案执行。那么,有什么办法能够避免上文所分析的危险结果呢?我认为,对于考试招生制度而言,考什么和怎么考都不重要,关键还是要把招生录取的自主权还给高校,不能以考试成绩作为录取的唯一依据。省级考试机构所要做的只是组织考试,确保考试的公平公正和考试成绩的信度效度。至于考试成绩如何使用,根据何种标准录取学生,这是高校自己的事务,应当由大学自主决定。政府机构履行好自己的分内职能即可,完全没有必要把手伸得过长,去操作自己既不擅长也不具备专业知识还不一定能做好的事情。政府要相信,正如农民自己知道怎么种地,教授知道怎么去教书一样,大学也知道应该怎么选学生,选什么样的学生。这是他们的专业和本分。"退一步海阔天空",在目前情况下,如果能够切实按照"三位一体"模式,让综合素质评价在高校招生录取中发挥实质性作用,上述问题将迎刃而解,也许不失为一个"亡羊补牢"的好办法。

2015 年 1 月 22 日初稿于北京大学经济学院
2015 年 1 月 26 日定稿于倚林佳园

招生标准不宜量化[①]

《北大招生标准》一文发表后,许多读者来信和我商榷,赞同者有之,批评意见也不少。最集中的一点是,这些标准也许都有道理,但没有一条标准是可以量化的。无法量化的招生标准容易给腐败行为留下空间,会损害教育和社会公平。相比而言,尽管目前按照高考分数招生存在诸多弊端,但它确保了教育和社会公平,因为分数面前人人平等。套用一句话说,这是所有坏制度里最好的一种制度。

这些批评很有道理。中国的教育问题头绪繁杂,枝蔓众多,积重难返,其实是改革开放进入到攻坚阶段后社会一系列深层次矛盾的集中反映。更重要的是,公平问题是当代中国最复杂最微妙的问题之一,往往会触动社会公众最敏感最脆弱的神经,任何有可能触及社会公平的改革措施都会引起巨大争议,甚至招致反对之声一片。我们必须慎之又慎。但是,慎重和稳妥不能成为无所作为的托词。如果已经看到问题所在,却囿于祖宗成法而不敢越雷池一步,我们将彻底毁掉中国教育的未来,至少是这一代的教育。反之,如果我们能够正视问题,用积极的态度,采取稳妥的措施,坚持正确的方向,改革错误的地方,逐步扭转不利局面,随着中国经济社会的不断发展和人口结构的不断变化,中国教育终将走上健康发展的新轨道。

关于招生标准的量化问题,近年来似乎已成为社会的共识。现实生活中,

[①] 本文删节版发表于《光明日报》2014年4月17日第15版(高等教育版),题目为《大学招生要走出"量化"困局》。

人们往往青睐那些看得见摸得着的数字化指标,否则就会被指责为不科学。我称这种现象为"数字化崇拜"。不仅教育领域存在过度数字化倾向,其他社会领域何尝不是如此?不然,所谓的"GDP崇拜"从何而来?为什么大学那么看重SCI指标?我们在这个误区里已经徘徊了太长时间。在这个问题上,我自己也经历了一个认识上的变化。最初,我曾经试图将招生标准量化,并为此做了大量工作,希望能够提出一个一揽子的可以数字化的招生指标体系。但在具体操作过程中,我们遇到了非常大的困难,出现了许多无法逾越的障碍。有一天我忽然意识到,数字化标准这条道路有没有可能是一条死胡同?的确,在科学研究上往往会出现这种情况。当一条路走不通时,很可能意味着这是一条失败的道路。如果能够证明一个问题无解,那也是一种进步。至少,后来者可以不在这条道路上再浪费宝贵的时间和精力。后来,我又详细考察了世界上许多国家和大学的招生录取制度,发现没有哪个国家和哪所大学是将招生标准完全量化的。量化指标只是大学招生录取中的参考依据之一。这使我逐步意识到,企图把大学招生标准进行量化的努力可能是一个不可能完成的任务。

那么,为什么大学招生标准不能进行量化呢?首要的原因是,大学招生的对象是一个个具体的、活生生的、充满个性的人。人是复杂多样的,你怎么可能用一个个冷冰冰的,只具有单一指向性的数字加以衡量呢?数字是抽象的,人是具体的;数字是单一的,人是全面的;数字是固化的,人是发展的。大学招生机构的职责是对所有希望进入大学学习的人进行评价和判断。哪些人符合你的人才培养目标?哪些人不符合你的人才培养目标?每一所大学的历史、传统、文化、精神、特色和优势千差万别,决定了大学招生的具体标准也应当是多种多样的。人才培养目标的多样化决定了招生标准的多样化。比如,培养了最多美国总统的耶鲁大学,它的人才培养目标是培养社会的领导者。因此,它在招生过程中特别看重学生的领导力、服务和合作精神。哈佛大学的人才培养目标是发现真理的人,因此,它在招生过程中特别看重学生的怀疑精神、创新意识和批判性思维。这些抽象化的标准是根本无法用数字去衡量的。试问,如何对领导力进行量化呢?在一个组织中担任负责人是否意味着比在两个组织中担任负责人更有领导力呢?这让我想起了经济学中著名的"效用理论"——大约两个世纪以前,经济学家用"效用"一词表示消费者在消费一种商品时的满足程度。最初,他们提出了"基数效用论",把这种满足程度用一个个具体的数字来表示。比如,你吃了一个馒头的效用是1,吃两个馒头的效用就是2,等等。后来,经济学家发现这种方法可能是不科学的。你怎么知道吃一个馒头的效用是1而不是2呢?也许对于不同的人来说——他们对馒头的喜好程度不同,北方人就比南方人更喜欢吃馒头而不是米饭——他们从馒头中获得的效用是不同的。因此,经济学家提出了"序数效用论",用排序的方法来表示消费者对某种商品的偏好程度。比如,如果你喜欢苹果胜过喜欢梨,喜欢梨胜过喜欢葡萄,这就意味着你喜欢苹果胜过喜欢葡萄。这一原理同样适用于大学招生。你只能对学生进行排序而不能进行赋值。你只能说学生A表现出的领导力比学生B更显著,你却不能说负责了两个社团的学生A比只负责了一个社团的学生B的领导力强。因为学生B虽然只负责一个社团,但这个社团可能具有全国性影响;而学生A虽然负责两个社团,但这两个社团可能只在当地有影响。

  大学招生标准不能进行量化的第二个原因是,你会因此损失许多更有价值的信息。标准化的好处是提高了工作效率,但也会因统一而带来模式化弊端。正因为此,许多人提倡我们应该多运用一些"模糊数学"的思维。比如,许多大学都希望招收富有社会责任感的学生。但是,如何区分和判断哪些学生更有社会责任感呢?比如,有两个学生,A在高中两年内参加了十次社区服务,B只参加了一次。如果进行数字化比较的话,显然,学生A要比学生B强。但是,你能百分之百地得出这个确定的答案吗?如果学生B是跳入河中救了一个落水孩子而险些因此丧命呢?你又如何进行评判?斯坦福大学招办主任曾告诉我一个故事:有两个学生,A在富人区的私立学校,学校开设了10门AP课程,他选了5门;B在穷人区的公立学校,学校因为条件有限,只开设了5门AP课程,他选了5门。他问我们会选择哪一个学生。我们的回答是选学生A。因为他的质量可能更高,而且他懂得怎样去选择。斯坦福大学选择了学生B。理由是B抓住了所有能抓住的机会,而A只抓住了一半的机会。有人也许会说，这说明不了什么问题。你只要规定，只招收那些选 AP 课程最多的学生不就行了吗？那也不一定。斯坦福大学招办主任又问了我们一个问题：假如两个学生，A 在 10 门 AP 课程中选了 10 门，B 在 10 门 AP 课程中只选了 5 门，你选哪一个？我们这次学乖了，说选学生 A。结果他说那也不一定。因为也许学生 A 的 10 门课程的成绩都很差，而学生 B 虽然只选了 5 门，但这 5 门课程的成绩都非常优秀。这说明，学生 A 没有正确评估自己的实力，没有做出正确选择的能力，而学生 B 付出了百分之百的努力，而且取得了效果。这两个故事启示我们，对人的评价是复杂而多元的，必须按照《国家中长期教育改革和发展规划纲要（2010—2020 年）》的要求，进行综合评价，多元录取，不能只看高考成绩一个数字化指标。

大学招生标准不能进行量化的第三个原因是，这会对考生和家长形成"逆向激励"。大学招生标准数字化的结果，一定是考生和家长千方百计按照这个标准去完成一个个数字指标。如果中小学不满足家长的需求，自有社会培训机构来满足。那将是另外一个应试教育的灾难，用应试教育的方式去开展素质教育的灾难。这就好比中央虽然不断强调科学发展，不能以 GDP 为导向，但只要考核政府政绩的标准仍然是经济指标和 GDP，GDP 崇拜就不可能从根本上扭转。教育领域也是一样。大学招生是基础教育的指挥棒。无论政府如何倡导正确的理念，如果大学招生不能与之相符，考生和家长用脚投票的结果，一定是满足大学招生的标准，而偏离政府的导向。除非二者是一致的。这让我想起了北京市近年来对奥数所采取的严厉措施。这无疑表明了北京市政府对于开展素质教育的坚定决心，是值得称道的，我完全赞成和支持。但是，如果高考统一录取模式不发生变化，大学招生考试的内容不发生变化，即使撤销了所有区县教委主任和中小学校长的职务，也不能从根本上解决这个问题。原因很简单，学校不举办奥数班了，社会培训机构会前仆后继地填补空缺。除非大学改变招生录取模式，否则中小学在没有替代方案的情况下，一定会采取变相的方式继续举办，那将又是一个猫捉老鼠的游戏。也许正是因为这个原因，美国大学很少公布他们的招生标准和招生过程，特别是私立大学。它只会告诉申请学生是否被录取的结果。至于为什么录取他而不录取你，具体的录取理由是什么,大学拒绝提供。公众好像对此也并不关心。多数公立大学也不提供录取与否的理由,除非本州公民投票要求你必须提供。斯坦福大学的招生同行介绍说,美国私立大学的招生是一个"黑匣子"(就是我们俗称的"暗箱操作",当然涵义完全不同),招生标准是原则性的,具体内容和尺度由招生官员和招生委员会内部掌握,招生过程则不对外公开。在他们看来,对人的评价极为复杂。大学招生的核心是考察判断一个学生的未来发展潜能。从本质上说,这是无法预测的,而且充满了无限可能性。如果公开了具体的招生标准和招生过程,家长和学生可能会据此进行有针对性的准备,这会掩盖学生的真实信息,对大学招生人员的工作造成困扰,甚至损害他们的判断力。这种招生理念和中国强调"阳光招生"的理念完全不同。请不要误解,认为我反对实施"阳光招生",恰恰相反,我坚决主张招生工作的公开、公正和公平。我们必须要对社会公众提出明确的数量化招生标准,实现完全的信息公开,向考生和家长明确说明录取依据。也许,这就是东西方文化差异在招生考试领域的具体体现吧。

2012年8月22日初稿于北大老化学楼
2013年3月28日定稿于德国杜塞尔多夫国际机场

第四部分　自主招生改革

推荐的责任

2013年高招录取期间,我收到了某著名中学校长的一封信。大意是,他所推荐的一名"校长实名推荐生"因为发高烧在高考中发挥失常,分数只比当地一本线高出十几分。该生所获得的加分是30分,加分之后仍然达不到北大录取线。但该生的确非常优秀,希望我们能够考虑到其特殊情况,本着"中学校长实名推荐制"不拘一格降人才的精神,将其降至一本线录取。随信还附上了该生的全部资料,包括医生的诊疗证明。

这位校长的名头很大,经常可以在媒体上看到他关于教育问题的观点,其任职的中学是当地最好的中学之一,每年考上北大、清华的学生数量不少,因此我们对他的推荐信很重视,专门开会进行了研究。的确,按照"中学校长实名推荐制"的理念,这个学生具备破格录取的全部理由:校长实名推荐,程序正规,材料齐备,该生成绩一贯优秀,各方面表现突出;谁也不能保证高考时不发烧,如果因为生病导致成绩不高就拒绝了一个本来很优秀的学生,那就失去了北大实施"中学校长实名推荐制"的意义。此外,破格录取也有政策上的依据——"校长实名推荐生"可以降至一本线录取。从这个角度出发,如果把这件事做好了,不仅仅意味着挽救了一个学生的命运,更重要的是,对于进一步深化"中学校长实名推荐制",打破"唯分数论"魔咒,推动招生考试制度改革具有重要意义。

就在我们即将形成一致意见的时候,按照历来的习惯,我将做决定的时间

---

① 本文删节版发表于《中国青年报》2014年9月26日第3版,题目为《校长推荐权,用什么来捍卫》。

推迟了 24 小时（在时间允许的情况下）。我不能只想到有利的一面，更重要的是，我必须考虑不利的一面。当天夜里我基本上一宿没睡，满脑子都是关于录取与否的利弊分析。凌晨五点，迷迷糊糊中的我突然间惊醒，再也睡不着，索性披衣下床，再次仔细检查了该生的所有材料，斟酌推敲其中可能存在的漏洞。五个小时之后，我们一致做出了不予录取该生的决定。

在那五个小时中，我到底发现了什么呢？

校长的推荐信我看了几十遍。信写得很真诚，也很有说服力。只是，它是打印的。当然，在办公自动化的今天，打印一封信无可厚非。然而，在如此重要的事情上，打印本身增加了一种可能性，即这封信有可能不是校长本人写的，或者表达的不是校长本人的真实意思。更重要的是，我发现推荐信末尾是签名章而非手写签名。这就使得这封推荐信的真实性遭到了严重质疑——它完全有可能是校长身边掌管签名章的工作人员的擅自行为。我不相信校长可以忙到如此程度，以至于没有时间在这样一封关系到他所钟爱学生前途命运的打印信上亲手签上他自己的名字。

在随信所附的材料中，有医院的证明和医生的诊疗书。这是该生在高考期间生病的有力证明。然而，不可思议的是，这份诊疗书的字迹十分工整：姓名、性别、年龄、患者症状、医生结论、用药处方，等等，每一个字都清晰可辨。但常识告诉我们，几乎全世界的医生在诊疗书上的字迹都是天书，除了他（她）们自己认识之外，其他人不知所云。那么，这份诊疗书之所以字迹如此工整、清晰，也许只能有一个解释：为了给阅读这份文件的人提供方便。

在一个崇尚诚信和职业道德的社会，上述两点推测其实很容易得到验证：我们只需要和校长本人及医生本人通个电话，就可以确定推荐信和诊疗书的真伪。但我们没有这样做。关键原因在于第三点，在这一点面前，校长和医生说法的真实性已经不再重要。

在高考之前，该生按照要求参加了"元培综合评价系统"的测试。测试结果显示，他的综合评定值位于所有被推荐学生的下游部分。系统建议的政策优惠为 30 分，属于倒数第二序列——既没有获得降至一本线的优惠，也没有获得 60 分的加分。当然，还没有被淘汰。另外，该生来自教育发达省市，在系统已经将地区间教育质量差异作为内生变量的情况下，这一测试结果说明，他可能是一个比较优秀的学生，但还没有进入到最优秀的行列。在参加"元培综合评价系统"测试时，该生没有生病发烧，测试结果应当是其真实水平的反映。换句话说，他不具备降至一本线录取的资格。

在我们做出最终决定之后，尽管录取期间工作任务极其繁重，我还是拿出钢笔，用北京大学招生办公室抬头的信笺，给校长回了一封手写信，详细说明了我们不能录取该生的理由。我想用这种方式告诉这位校长，我们所理解的负责任的推荐信应当是这个样子的。不知道他看了这封信后是什么表情，也许随手就丢到垃圾桶里了吧？

黄山风光

北京大学"中学校长实名推荐制"的核心是推荐。推荐要凭良心，更要负责任。它体现的是推荐人和接受方之间最宝贵的信任。这种信任之所以能够建立起来，最根本的原因是我们都在从事教育工作。教育工作者的全部价值和意义在于，通过我们的努力，使孩子成长得更健康，社会变得更美好，国家和民族变得更伟大。我们千万不要忘记了，在孩子清澈纯净的眼睛里，老师就是他(她)们的榜样。老师怎么做,学生就会怎么做,正如父母怎么做,孩子就会怎么做一样。作为教育工作者,我们生活在社会中,自有诸般苦楚与困难,然而,当我们走进学校,看到一个个洋溢着青春气息的纯真面庞时,我们要竭尽全力克制自己内心的软弱,向他(她)们传递一切真善美的信息和正能量。至于社会的种种艰险、丑恶甚至肮脏,等他(她)们形成正确的价值观后,自会加以甄别和判断。如果作为教育者的我们,还要以学生的教育权为筹码,和家长、学生形成利益交换关系,那这个社会可就真的陷入万劫不复的深渊了。

今天,人们总是一边在批评中国教育存在的种种弊端,一边又以中国社会缺乏诚信为由拒绝变革,却很少意识到,社会不是抽象的,它由每一个具体的个人组成,其好坏有赖于每一个人的行动。中国社会之所以缺乏诚信,实际上和我们每一个人都有关系。人们总是说,如果别人都讲诚信,那么我也会讲诚信;只有我讲诚信的话,那岂不是处处上当受骗?然而,我们很少意识到,诚信作为一种美德,本来就是我们应当日日坚守的,和他人没有关系。不管别人做不做,我们自己都要做。如果我们对其他人是诚信的,那么其他人对其他人(包括我们)也会讲诚信,这样社会的诚信体系就会逐步建立起来。反之,如果每个人都不讲诚信,岂不是要任由社会和我们自身堕落到霍布斯所说的"丛林世界"中吗?我们不能只是批评,只是抱怨,只是逃离,我们还必须脚踏实地地做些什么。即使不能改变社会,至少也要改变我们自己。正是在这个意义上,当初社会舆论对"中学校长实名推荐制"一片鞭挞时,教育部罕见地旗帜鲜明地表态支持,认为这一制度"是对高校自主选拔录取政策进一步深化的积极探索,是建立和完善教育诚信体系的有益尝试"。

马云在回忆早年创业经历时经常提及的一件事是,他在第一份工作上坚持干了五年。因为他对校长承诺了五年之内不离开。很少有人把这件事和他日后的成功联系在一起,但马云自己知道承诺的价值。实际上,当初马云想做的事情其他人不是没有想到过,至少已经有了 eBay 在美国的成功案例。但其他人都因为不相信在中国的互联网上可以防止欺诈行为而放弃了他们的目标。只有马云,这个自称不懂技术不懂管理不懂财务的人,"傻傻地"坚持相信诚信和承诺的力量,通过建立起有效的第三方支付系统,最终成就了一个比

eBay 还要大得多的商业帝国。

我们正在陷入一个奇特的循环：因为不相信人，所以越来越相信制度，却发现制度实际执行的效果并不如想象中的那么好，因此越来越不相信人。我们常常忘记了，制度是由人执行的。如果没有大量受过良好教育的人来实施，任何完美的制度都会走样，甚至会变成一个坏的制度。所以我们要两条腿走路，一方面要不断建立完善各种各样能够长期稳定有效的制度，另一方面，也要保持对人的信心和对教育的信仰，努力培养能够有效执行制度的接受过良好教育的人。

我们没有足够的证据证明这位校长造假，但我们也不再信任他。他的损失其实很大。他很快退休，以后也不会再给我们推荐学生。另外一位向我们推荐了明显不符合要求的学生的校长，后来也被当地教育行政机关免职。当面对这些人和事的时候，我们总是告诉自己，"中学校长实名推荐制"是需要用生命去捍卫的制度。无论如何，我们都必须要做正确的事情。我们深知，正如当初公众所担心的那样，在今天的社会大环境下，不是所有的校长都会出于对教育事业神圣感的敬畏而秉公推荐学生，但绝大多数校长的确在凭良心履行着自己的责任。由于并非校长一推荐就可以被录取，被推荐的学生往往要经过多项程序层层把关，通过利益相关者的监督、充分的信息公开以及自身测试技术的不断完备，我们在实践中有效避免了社会舆论所担心出现的情况。与此同时，就是在这样一个保留和淘汰交替的行动中，我们逐步在一个相对稳定的中学圈里建立了新的诚信体系。这个体系正在通过教育的传导作用，对其他社会领域产生正向的溢出效应。

2014 年 6 月 19 日初稿于 Stanford University
2014 年 7 月 1 日定稿于 Stanford University

自主选拔录取是高考制度改革的过渡[①]

2003年春季,在教育部的统一部署下,北大、清华等一批"985高校"开始实施自主选拔录取改革试点工作,至今已走过11年的历程。如何评价这一改革?它和高考的关系是什么?它在整个高考制度改革中居于什么样的地位?它在未来的走向是什么?现在似乎到了需要做出回答的时候了。

如果把教育体制改革,特别是招生考试制度改革和中国经济体制的变迁联系起来,会发现二者之间存在着许多有趣的相似之处。

从1978年开始,中国以市场化为取向的经济体制改革已经进行了30多年。改革的最终目标,是使中国完成从传统到现代的"双重转型"——从传统计划经济体制向现代市场经济的转型,从传统不发达的经济向现代发达经济的转型。今天,尽管改革面临的深层次困难和矛盾仍然很多,但总体而言,建立起一个比较完善的社会主义市场经济体制的目标已经基本实现——按照党的十四大确定的战略规划,实现这一目标的时点是2010年。

改革的对象是1952年社会主义改造完成以后,新中国按照苏联模式所建

---

① 本文删节版发表于《光明日报》2015年1月27日第14版(高等教育版),题目为《自主招生是高考制度改革的过渡》。发表时编辑加了"编者按":"教育部去年年底出台《关于进一步完善和规范高校自主招生试点工作的意见》,规定2015年起所有试点高校自主招生考核统一安排在高考结束后、高考成绩公布前进行,同时规定试点高校不得向中学分配推荐名额,往年部分高校组成的北约、华约、卓越等笔试联盟全部取消,等等,让人们感到自主招生正在被重新定位。那么,在这个时候,我们其实是要反思一下为何在高考制度改革中会有自主招生这个环节的设置,本文作者从经济体制改革的视角观察教育,给我们提供了另一个审视自主招生与高考制度改革的角度。无疑,这种冷静的审视是有意义的,毕竟《意见》出台的最终目标是完善自主招生与高考制度改革的角度。无疑,这种冷静的审视是有意义的,毕竟《意见》出台的最终目标是完善自主招生。"

立起来的无所不包的计划经济体制。在这一体制下,企业的生产、分配、定价和投资全部由中央计划部门严格控制。企业缺乏最基本的经营自主权,它们就像棋子一般受到各种国家机构的控制和约束,无法决定生产的产品和数量,没有自主招工权,在生产投入上没有话语权,甚至连雇员(无论是管理者还是普通职工)的工资都由上级政府部门决定。企业的任何行为,甚至修建一个公共厕所,都需要得到审批。按照罗纳德·科斯的说法:"除了名义上的概念,这些国营企业实际上没有一点与企业两字沾边。"缺乏效率成为国有企业最大的弊端。正因为此,1978年国有企业开始改革时迈出的第一步就是扩大企业经营自主权,并由此拉开了国有资产管理改革的大幕。

今天的大学看上去很像20世纪80年代初期的国有企业。1952年院系调整以后,中国建立了一整套与计划经济高度匹配的高等教育体制。大学的办学经费来源于政府财政投入,科研经费的使用由上级行政主管部门严格控制,不能随意使用;大学按照行政隶属关系不同而被划分为教育部直属高校、地方高校和其他行业性部委高校[1];大学的行政系统对应着严格的行政级别,校长和党委书记由教育部和地方政府任命;大学雇员的工资由国家人事部门统一编制,没有独立的用人权,不得随意解雇员工;大学的学位颁发和专业设置都要经过教育部的审批;大学的招生规模和招生对象由国家统一编制,不得随意增减,招什么人,在哪些地方招生,都由国家统一决定,"招生计划"可能是中国目前唯一存在的"计划"。[2] 和改革初期的国有企业一样,大学缺乏基本的办学自主权,难以成为自主创新的源泉。由于财政、人员、专业设置、学位颁发和招生均受到严格控制,大学面临的外部约束的严厉程度甚至超过了改革之前的国有企业。吊诡的是,这种以计划经济为强烈特征的教育体制并没有随着中国经济体制改革的市场化进程而发生相应的变化。今天,对中国教育制度持各种批评意见的人往往忽略了一个事实:经过"文革"的摧毁,1978年,当经济体制开始发生深刻变革的时候,中国的教育体制正在按照"文革"前的计划经济模式进行恢复和重建。因此,并不奇怪,当今天教育的外部世界已经

---

[1] 感谢北京大学医学部学生工作部张莉娟女士提出的修正意见。
[2] 北京大学医学部学生工作部张莉娟女士指出,除了招生计划,中国目前还有生育计划。的确如此。

充分市场化的时候,教育的内部世界却变得更加行政化和计划化——它本身就走了一条方向相反的道路。

中国经济体制改革的成功经验在于,按照社会主义市场经济和现代企业制度的要求,通过渐进改革和增量改革的方式,在传统计划经济体制之外,创造出一个日益庞大和充满生机活力的非公有制经济体系;与此同时,国有企业按照"产权明晰,独立经营"的原则被逐步改造为现代企业,从而创造了举世瞩目的"中国奇迹"。那么,在教育体制改革过程中,能否借鉴经济体制改革的成功经验,再一次创造出教育领域的"中国奇迹"呢?

沿着这个思路,按照党的十八届三中全会确定的方向,如果我们把招生考试制度改革的彼岸设定为建立起"招生和考试相对分离、学生考试多次选择、学校依法自主招生、专业机构组织实施、政府宏观管理、社会参与监督的运行机制",那么,我们依然可以参照中国经济体制改革的成功经验,通过"渐进式"和"双轨制",综合顶层设计和基层创新,一步一步实现改革的目标。

改革之初,之所以要给国有企业以经营自主权的根本原因在于,受到政府严格控制的企业因为僵化而缺乏效率与活力,已经无法继续生存下去。另一方面,由于意识形态、利益格局等因素,一夜之间把所有的国有企业全部改制是不可能实现的,因此,必须要在计划经济和公有制经济的"铁板一块"之外,再造一个非公有制的市场经济,作为公有制的有益补充。

与此相类似的是价格改革。改革初期,所有的价格均受到国家计划委员会的严格控制(这种控制的影响直到今天依然存在),企业没有制定价格和调整价格的权力。这显然与市场规律背道而驰。但在当时的历史环境下,企图通过"外科手术式"的一揽子方案进行价格改革也是不现实的。1988年的"价格闯关"改革失败即是明证。因此,必须在国家集中管理的价格体系之外,再造一个市场价格体系。这就是中国经济改革过程中著名的"价格双轨制"。

今天,经济学家已经对"价格双轨制"在中国经济体制改革中的作用给出了深刻分析和历史结论。"价格双轨制"出现的根本原因在于,当面临严厉的资源约束时,价格的剧烈变动将会在社会上造成巨大震荡。因此,只能一方面依靠计划轨稳定经济发展的大局,另一方面通过市场轨引导资源流向,从而形成两种价格体系相互影响和相互作用，最终按照市场经济的要求理顺价格关系。然而，"价格双轨制"的弊端也是显而易见的。一方面，对于同一种标的物存在两种不同的价格，既引起了混乱，也带来了不公平；另一方面，计划内外的价格差异导致了权力寻租和腐败现象。尽管如此，"价格双轨制"仍然是中国经济体制渐进式改革的必然结果，是改革必须付出的代价。

有趣的是，如果我们把比较的对象进一步缩小到价格改革和高考制度改革，更进一步，如果我们把大一统的高考制度看成是国家统一计划管理的公有制经济和计划价格，那么，就有理由把自主选拔录取近似地看成是非公有制经济和市场价格。我们会发现二者之间存在着高度的相似性。

首先，正如计划价格是改革初期的唯一价格体系一样，统一集中的高考招生录取制度也是目前中国大学招生考试录取的唯一方式。计划经济体制下的所有弊端，如僵化，对于不同地区不同企业生产的同类型产品只能有一种价格，不能及时反映真实的供给和需求状况等，都能在高考招生考试制度中找到相对应的影子：僵化，一张试卷评判了所有不同地区不同水平的学生，考生和大学相互之间缺乏了解等。特别是，在改革初期，人们对市场经济和市场价格充满疑虑，在意识形态上拥护和支持计划经济和计划价格，出于利益黏性和对未来不确定性的恐惧，既希望通过改革改善自身境况，又担心改革会给自己带来更大的不利。这种矛盾的社会心态也反映在当前人们对待高考制度改革的态度上：在支持高考改革的同时反对高考改革。解决这个问题的唯一有效办法是，通过改革的实际效果改变人们对于改革的态度和预期。

其次，正如定价权是企业生产经营的天赋权利一样，招生也是大学人才选拔和培养的天赋权利。只有企业才会对市场上的需求和价格最为敏感，也最了解自己产品的质量、性质和特点；同样，只有大学才知道哪些学生最适合自己培养。企业缺乏定价自主权，就只能变成摸象的瞎子；大学没有招生自主权，就无法从根本上保证人才培养的质量。这样的大学，只能变成苏联计划经济体制下的工厂：完成了上级布置的生产指标，但其产品既无法保证质量，也不能满足社会的需求。今天，大学生就业之所以如此困难，就业的结构性矛盾如此突出，不就是因为大学外部的人才需求已经充分市场化，但大学内部的人才供给却依旧是计划性的吗？二者又怎么可能实现匹配和均衡呢？

最后，正如价格改革的道路不是一帆风顺一样，我们也不能期望高考制度改革能够一下子达至彼岸。价格改革之所以异常艰难甚至充满了风险，一个重要原因是它涉及的利益既根本又巨大——价格是每一个家庭每一个个人每天都要面对的。同样，高考制度改革也牵涉了千家万户的切身利益，在当下的社会心理环境下，一旦处置失当，还容易引发社会稳定问题。这往往使改革者面临巨大的社会和心理压力。价格改革的经验告诉我们，高考制度改革要想取得成功，只能凭借着改革者的胆识、魄力和坚韧不拔的意志，以时间换空间，通过渐进的办法逐步减少对改革的反对和阻力，即使这往往意味着将会积累更多更大的矛盾。

从这个角度上看，也许我们对自主选拔录取改革试点工作的地位和作用会有更加清晰的认识：正如我们要坚持公有制的主体地位一样，我们也要坚持高考制度的主体地位；正如非公有制经济是我国市场经济的重要组成部分一样，自主选拔录取改革也是高考制度改革的重要组成部分；正如在价格改革过程中曾经存在的"双轨制"一样，自主选拔录取也是高考改革中的"一轨"，它只是一个过渡，最终会形成与社会主义市场经济相适应的招生考试制度。当然，在这个过程中会出现这样那样的问题，需要我们以更加积极和更加务实的态度，通过深化改革来加以解决，绝不能遇到一点儿问题就走回头路。

中国经济体制改革的路线图是从计划走向市场，从僵化走向灵活，高考制度改革也是一样。实际上，我们在经济体制改革过程中曾经遇到的所有问题，比如效率与公平、集中与分权等，目前在高考制度改革中已经或多或少地遇到了。既然中国经济体制改革已经被实践证明是成功的，那么，也许我们可以从中吸取更多的经验教训，一方面避免在高考制度改革中重复类似的弯路，另一方面也可以降低改革的风险和成本，实现教育领域改革的"中国奇迹"。

2014 年 3 月 26 日初稿于 Stanford University
2014 年 6 月 10 日定稿于 Stanford University

中国大学先修课程的定位①

中国大学先修课程项目启动一年多以来,许多人对于课程的定位心存疑惑。尽管在当时的新闻通气会上,我曾就此做过一些说明,但还需写一篇专文加以明确阐述。大学先修课程在中国尚属新生事物,无任何经验可循,也无法照搬美国 AP 课程模式,唯一的办法是按照著名经济学家阿罗提出的"干中学"(Learning by Doing)模式,在实践中不断总结经验,并加以修正完善,也许可以走出一条适合中国实际情况的道路。

首先,中国大学先修课程不是也不应当是美国 AP 课程的中国版。尽管从美国 AP 课程的理念中受到了某种程度的启发,但从根本上说,中国大学先修课程不是美国 AP 课程的复制和翻译,而是按照中学和大学衔接的基本原理,从中国基础教育和高等教育的实际出发而设计开发的新的课程体系。当初提出这一构想时,曾经有过两种声音,后来都被否定了。一种是对 AP 课程进行直接移植。办法是像中国人在其他领域的仿制生产中所做的那样,把翻译(或者类似于翻译)后的 AP 教材引入中学课堂。考试方式也与此类似。这一最简单的方案被否决的根本原因在于中美之间存在的不同价值观。教育和其他类型社会活动的本质区别在于,教育的过程中一定包含了价值观而其他活动未必一定包含。比如,我们仿制了一辆汽车或一架飞机,在提高技术的同时并没有因此而接受美国的价值观,但如果我们直接在中学课堂里移植了美

---

① 本文发表于《光明日报》2014 年 12 月 2 日第 13 版(高等教育版),题目为《如何定位中国大学先修课程》。

国教材,也就意味着我们同时移植了美国的价值观教育。显然,这是不能被接受的。另一种声音是,既然要把大学先修课程成绩作为大学招生的依据之一,为什么不和世界上其他大学一样,直接使用 AP 课程的成绩呢?坦率地说,这个建议并非没有道理。毕竟,今天世界上已经有 40 多个国家的近 3 600 所大学承认了 AP 课程成绩为其入学参考标准,其中包括哈佛、耶鲁、牛津、剑桥等世界一流大学。中国的大学为什么就不能承认呢?然而,出于同样的价值观考虑,它也被否决了。大学招生不单纯是一项技术性工作,它会对教育产生相当大的影响。如果我们认为大学先修课程的理念是正确的,那么,就应当在教育过程中把它体现出来,而不仅仅只是引入一门考试。此外,我们反对将美国 AP 课程中国化还有一个重要的原因:任何课程体系都是和一个国家的整体教育制度相适应的。AP 课程之所以在美国教育中发挥了重要作用,是因为它本身就是这一制度不可或缺的组成部分。如果不考虑美国教育制度的整体性,而只是简单移植其中的 AP 课程,造成的结果很可能是"南橘北枳"。正是从这个角度出发,我们甚至不愿意将中国大学先修课程称为"CAP"——也许"帽子"("CAP"的中译)更好记一些。

其次,大学先修课程面对的对象是什么?它旨在为少数学有余力的学生发展自己的学术兴趣而提供多样化的选择。我们应当认识到,学生是分为不同层次的。即使在同一个班级和课堂,也总是有一些学生学得更好一些,更快一些,而另一部分学生可能会非常吃力。传统的教育模式为他们提供了同样的教育。但新的教育观点(也许是更传统的教育观点)则认为,应当为这些不同程度的学生提供不同的课程,满足他们不同的需求。那些跑得更快的学生由于各种原因已经不能满足于现有高中课程水平提供给他们的内容,渴望去探索新的领域,挑战新的难度,大学和中学应当提供与之相适应的服务。可以肯定,这部分学生的数量一定是很少的。假定中学课程具有一定的标准,如果学有余力的学生数量太多,说明中学课程的标准可能过低;反之,如果学有余力的学生一个也没有,则说明中学课程的标准可能过高。显然,这两种情况都不符合实际。一个比较合理的推测是,中学课程的标准就平均水平而言是适当的,那么,能够达到学有余力标准的学生一定不会太多,但也不会少到一个没有的程度。到底是多少呢？根据我们一年来的经验，这部分学生应当不超过中学某一年级全体学生的10%，大学先修课程就是为这部分学生提供的满足他们需求的选修课程。换句话说，90%以上的学生不需要也不应当参与到大学先修课程之中。显然，这和美国AP课程参与人数很多的情形有着显著差异。

清华大学

再次，大学先修课程和学科竞赛有什么区别？近年来，伴随着对"奥数"的讨伐，几大学科竞赛也备受社会质疑。2014年起，除少数国家集训队队员外，其他在学科竞赛中获奖的学生不再具有高校招生保送资格。其实，如果从发现激发学生学科兴趣的角度看，竞赛的作用并不像想象中那么坏，相反可能是积极的——数据分析显示，恢复高考30多年来，在竞赛中获奖的学生绝大多数在该学科中是学业上的佼佼者。学科竞赛之所以被政府强行"降温"，一方面是由于学科竞赛和大学招生录取的联系过于紧密，使得部分中学、学生及家长盲目追求通过保送或加分等"捷径"升入大学，把原本只适合部分学生参与的奥赛和科技类竞赛项目，泛化为更多、更低龄的学生参加的"必修性"学习或活动。竞赛的功利性远远超过了它对学生兴趣的激发和引导。许多学生之所以参加竞赛并非对此感兴趣,而是为了不参加高考而升入理想的大学。由此,竞赛的参与人数不恰当地扩大到非理性的程度,并且裹挟着几乎所有人都要参与其中。这就使它逐步丧失了甄别学生兴趣的作用。另一方面,由于学科竞赛的侧重点在于解题技巧,对于两个智力相当、兴趣相同的学生来说,是否在参加竞赛之前接受过相关训练可能会导致非常不同甚至是相反的结果。然而,对于学术研究来说,兴趣和思想是第一位的,解题技巧只是雕虫小技。也许正是因为这个原因,尽管中国学生屡次在国际奥林匹克竞赛中获奖,但却很少涌现出国际学术界的领军人物。从这个角度看,学科竞赛对于激发学生兴趣的作用也许是有限的。

但大学先修课程与学科竞赛完全不同。因为是大学课程,所以必须采用大学的教学和学习方法。如果说竞赛关注的是题目的话,大学先修课程关注的就是题目背后的原理——不但要知其然,还要知其所以然。因此,学生受到的不是解题技巧上的训练,而是通过学习和讨论形成正确的思维方法和习惯。如果大学先修课程继续沿用"讲(题)—练(题)"模式,它必将走上和学科竞赛一样的死胡同。这就是我为什么始终不主张在现阶段推出中国大学先修课程教材的原因。从某种角度上说,没有教材从表面上看似乎没有标准,但也由此给了教师和学生更广阔的探索空间;反之,有了统一的教材,在教师和学生都没有做好足够充分准备的情况下,一定会形成"讲(题)—练(题)"模式,而这条路注定没有希望。事实上,大学课程本身就不应当有什么统一的教材,提供给学生的都是参考阅读资料,目的就是要使学生在比较甄别中形成自己的认知和判断。一年来,选修大学先修课程的学生的普遍感受是,它比高中课程难,但是比学科竞赛简单。这一方面说明,学生看到的只是表面现象;另一方面,也暴露出当前基础教育领域重视结果而忽视过程的不足。实际上,那些看起来简单的原理背后的推理和分析过程并不简单,学生们很容易因为简单而忽略更为基本的东西。从这个意义上说,也许未来大学先修课程可以成为学科竞赛的一个好的替代品——它起到了竞赛的好作用,避免了它的不足,同时,它涵盖的范围要比单纯的学科竞赛大得多。

最后，大学先修课程的难度是什么？从内容上说，大学先修课程就是大学的一年级入门性质的课程，只不过把学生修课的时间提前到了高中而已。从这个角度看，大学先修课程的难度和大学课程是一样的。有些人提出，不宜把大学程度的内容放进中学，因为中学的学时不够。我不认同这种主张。如果中学每周开设三个小时的课程，一学期有16—18周，这和大学的学时是一样的。我想，人们之所以产生"学时不够"的感觉是因为中学和大学的学习方法是不一样的。在中学里需要掰开揉碎了讲授一个月的内容，在大学里可能只需要一个星期。对于一门课程来说，课堂上的时间永远是不够的，学生必须学会在课下阅读、学习和思考，在课堂上讨论。课堂时间不能被浪费在重复性的教材诵读上。有些人认为这样做对于学生的要求过高。其实这正是大学先修课程的特点——它本来就是难的；不难，还需要那些学有余力的学生学吗？还能够构成对他们的挑战吗？这就好比攀岩一般，正是在攀登高峰的过程中，有些人掉下去了，有些人咬着牙坚持下来，最后成功登上了顶峰。实际上，美国AP课程的难度非常大。例如，西班牙文学这门课的参考文献可能有上百种文学作品，涉及作家100多个，学生要完成阅读并用西班牙文写作论文。至于考试的要求就更高了。对于选修这门课的学生来说，其投入的时间和精力并不比大学的学生少，也许可能更多。

但大学先修课程的难度的确不宜定在最高端。因为大学之间也存在相当大的差异，不同大学的一年级入门课程的水平上也不尽相同。因此，大学先修课程的难度既不能选择最高的那一组，也不能选择最低的那一组，而应当选择比平均水平稍高的那一组，以取得最大公约数。将来等到条件成熟时，还可以进一步对大学先修课程进行难度分级，由学生根据自己的实际情况进行相应的选择，也许可以满足更多学生的需求。

2014年2月5日初稿于Stanford University
2014年2月21日定稿于Stanford University

"中国大学先修课程"的发展道路[①]

去年的早春,正是春寒料峭的时候,北京大学招生办公室在一次新闻通气会上宣布,从 2013 年春季学期开始,北京大学将与全国部分中学合作试点开设"中国大学先修课程",北大招办对课程成绩予以认可。首批开设的五门课程为:微积分、电磁学、大学化学、中国古代文化、中国通史(古代部分)。当年秋季学期,课程列表中又新增了计算概论和地球科学概论。应当说,这是中国教育界第一次把已经在美国施行了 60 多年的"大学先修课程"理念在中国付诸实际,尽管二者并非同一事物。2013 年 5 月 20 日,北京大学成立考试研究院,下设"中国大学先修课程中心",北京大学副校长高松院士出任研究院理事长,北大、清华、天大、复旦等高校的招办主任作为理事参加了理事会。9 月 14 日,"中国大学先修课程中心"组织了首次考试,并在考试结束后将试题和学生成绩提供给部分"985 高校"作为自主选拔录取的参考依据。一年来,"中国大学先修课程"低调、稳健、有序、高效地推进各项工作,努力在中国探索一条实现中学教育和大学教育"无缝衔接"的可能路径。

[①] 本文删节版发表于《光明日报》2014 年 4 月 1 日第 14 版(高等教育版),题目为《"中国大学先修课程"可行吗?》。公众微信号"京城教育圈"在编辑转发时加了一段评论:"近日,中国教育学会与高等教育出版社在京正式签署中国大学先修课程(CAP)试点项目战略合作协议书。此举再次引发教育界和社会对于大学先修课的关注。作为国内率先推出大学先修课程的著名高校,北大去年启动的先修课程试点一直在低调运作。该试点项目的操盘手、北大考试研究院院长、原北大招办主任秦春华日前发表文章,首次披露该项试点工作的最新进展,并对社会的主要质疑观点一一回应。其实,肇始于 20 世纪 50 年代的美国大学先修课程(AP)就是部分大学名校和顶级中学针对当年美国大中学之间的断裂问题推出的教育改革。我们乐见不同形式、不同层面的大学先修课程改革试点,同时欣赏北大的改革态度:'小心翼翼,边研究边干,在干中学,在干中不断积累总结经验。'——德宏观教"

"中国大学先修课程"推出之后,社会舆论争议很大。第一个质疑是它会不会增加学生负担,其意暗指此举与教育部关于"减负"的政策相冲突。我认为,这种忧虑是对教育部"减负"政策的误读和僵化理解。首先,在进入大学之前,学生的受教育周期分布在不同阶段,各自具有不同特点。"减负"政策的目的,在于减轻初级教育阶段(特别是小学阶段)学生的课业负担(而非学习负担);如果到了高中阶段,仍然僵化地执行这一政策,很可能的结果是学生的"负担"的确减轻了,但教育质量也随之下降了。爱迪生说过,"天才是99%的汗水加1%的灵感",我不相信任何人可以不经过努力就能够随随便便成功。其次,在一个人受教育的过程中,教育的内容、方法和形式都是不一样的。如果在"应试培训"——培训不是教育,因此我不再使用"应试教育"一词——模式下,学生面对的是数不清的作业和试卷,以及毫无意义的大规模重复性训练,这些的确是应当大减特减的负担;但如果学生面对的是多样化的选择,可以根据自己的兴趣、爱好和特长去做自己喜欢做的事,那么,这些很可能就是最快乐的事而非痛苦不堪的"负担"。哪怕这意味着他(她)要阅读更多的书,查找更多的资料,参加更多的活动以及更少的睡眠时间,等等。事实上,即便是在"快乐教育"最发达的美国,最好的私立高中(而非一般的公立高中)的学生也是非常辛苦的,那些想读哈佛、耶鲁等顶尖大学的学生,其辛苦程度往往超乎人们的想象。他们和我们的唯一差别在于他们很快乐而我们很痛苦。最后,"学生"是分为不同层次的。对于少数学有余力的学生来说,他(她)们面临的问题不是负担重,而是吃不饱。强迫他(她)们和其他学生齐头并进,对他(她)们而言既是痛苦,也不公平,还意味着浪费。为什么我们不能按照老祖宗"因材施教"的方式,给他(她)们提供一个能够满足需求的恰切选择呢?为什么一定要把这些"波峰"拉到平地才算是公平呢?总而言之,"中国大学先修课程"一定不是面向所有学生而开设的,它只针对少数对某一门课程、某一领域最有兴趣而且是已经学有余力的学生。

上述分析也许显示了理论的"苍白",真正有说服力的还是学生的自我感受。一位选修了"大学化学"课程的同学说:"学习很有效果。对于一些常用公式的来源有了更深刻的理解。这对于我们的数理化能力都有很好的提升效果。""我觉得这种感觉特别好。以前都是在仰视,发现化学好难(这种感觉可能来自竞赛课……),但是现在我能够平视了(俯视貌似还做不到……)。感觉完全不同了,这种感觉就像是荔枝,外面的壳看起来很难吃,但是剥开以后发现很诱人,咬下去特别好吃……"一位考生在试卷上写道:"看到这张试卷的第一眼,我就差点哭了。题型很新,题目很活,基本偏向于开放性试题,作为应试教育产物的我,真的欲哭无泪。学了两年的竞赛,从来没有接触过类似的题型,也没有想过这种不止一种答案的题该怎么去回答。"从某种意义上说,"中国大学先修课程"也许为解决当前基础教育应试倾向过重的现状提供了一条可能的路径——它至少可以让学生了解到,原来世界上还可以有这么一种和应试模式完全不同的教学方法和考试方式。

社会舆论的第二个质疑是课程由谁来教。一种选择是由大学教师来教。许多观点批评说这不现实,因为大学教师没有时间和精力完成这项工作。其实也不一定,虽然我本人也不主张由大学老师教。一方面,教育是连续性的,如果基础教育和高等教育完全割裂,大学教师只在本科阶段接触学生,他实际上无法有效地组织并完成教学和人才培养任务。因此,无论是在民国时期,还是在今天的美国,一批人类历史上最伟大的顶尖学者,在中学教育上都花费了大量的时间和精力。目前,一些北大教授正在沿袭民国传统,深度介入中学教学活动,完全义务而且乐此不疲。因为他们发现,如果不从基本的思维方法和学习习惯入手,提早进行影响和干预的话,现阶段从高考应试模式进入北大的许多学生根本无法适应北大当前的本科教学变革。另一方面,有些中学毗邻大学,或者本身就是大学的附属中学,当然有条件邀请大学教师来为中学生授课。因此,"中国大学先修课程"未必不能由大学教师来讲授。

然而,对于那些既不毗邻大学也非大学的附属中学的大多数中学来说,如果要开设"中国大学先修课程",授课教师就应当是中学教师。许多观点批评说这也不现实:中学教师怎么能教大学的内容呢?对此,我不禁想反问一句:"为什么中学教师就不能教大学的内容呢?"这说明,我们有可能在用一种错误的僵化的眼光来看待中学教育和中学教师,认为他们在地位和能力上均低于大学教育层次——以此类推,小学教育和小学教师就低于中学教育和中学教师。实际上,恰恰相反,小学、中学和大学只是按照受教育者年龄所划分的不同阶段而已,每一个阶段都应当配备一个国家中最优秀的教育家和教育工作者。而且,越是临近开端,教师的力量应当越强。因此,对于博士去教幼儿园孩子的现象,人们不但不应当感到惊奇,反而应当感到欣慰。这意味着在孩子最初成长的阶段,他(她)也许接受到了最好的教育。我一向认为,不一定只有师范院校的毕业生才能去做中学教师,凡是最热爱孩子、对教育最有兴趣也有能力承担起教学任务的人,都可以而且应当从事教师工作。美国并没有独立的师范教育院校,但这并不妨碍它产生出像芝加哥大学这样蜚声世界的以"教学"为使命的综合性大学以及全球最顶尖的教师。这似乎可以给我们带来一些启示。目前,一些中学已经从北大、清华等"985高校"吸引了一批优秀的博士和硕士担任教师,他们完全有能力承担起"中国大学先修课程"的讲授任务。对于那些现在还不具备条件的中学,北大等相关高校可以提供相应的教师培训和课程指导,帮助他们顺利完成课程开设工作。

  参加了"中国大学先修课程"讲授的教师也有许多收获。他们说,在先修课程的教学中,"不仅要教会学生掌握知识,还要使他们能够掌握知识的原理和推导过程,更加接近现象的本质;通过指导学生阅读文献和撰写报告,使他们较好地掌握如何快速提取文献中的信息并且从信息中扩展思维,找出新的研究点。这些都是和以前不同的巨大挑战"。同时,由于要讲授大学的内容,也迫使教师主动寻求进修和培训机会,进行知识和思维方式的更新,进一步拓宽视野,从而在一定程度上提高了中学必修课程的教学质量。

  社会舆论的第三个忧虑来自开放性:它是一个开放的平台吗?事实上,从一开始,"中国大学先修课程"就不是北大一家的独角戏。在北大之前,北京和浙江的多所大学和中学已经开始类似课程,只不过在与招生入学的挂钩程度上有所差异而已。此外,北京大学考试研究院的理事会由教育考试主管机关、中学校长和教师以及北大、清华、天大、复旦、北师大、北航等高校招办主任等组成,"中国大学先修课程中心"吸引了一大批京内京外一流的大学教授和中学教师共同参与,有些课程已经在全球"慕课"平台上上线。除北大之外,清华、复旦、浙大等高校陆续在自主选拔录取中参考了先修课程成绩。在"中国大学先修课程"的建设过程中,北大自始至终坚持了开放、民主、平等、协商等原则,在未来的发展中还将继续坚持下去。

关于考试招生制度改革,党的十八届三中全会明确提出:"探索招生和考试相对分离、学生考试多次选择、学校依法自主招生、专业机构组织实施、政府宏观管理、社会参与监督的运行机制,从根本上解决一考定终身的弊端。逐步推行普通高校基于统一高考和高中学业水平考试成绩的综合评价多元录取机制。"那么,未来高校招生时如何进行综合评价多元录取?除了高考成绩之外,还有哪些因素可以作为综合评价体系的组成部分?对于部分高校和一部分学有余力的学生来说,"中国大学先修课程"的成绩也许可以作为一个有价值的参考因素。

中国有自己的特殊国情,这固然不能作为拒绝改革的理由,但的确应当是在借鉴国外成功经验时必须考虑的重要因素。脱离国情的简单移植,盲目匆忙的原样照搬,很可能会把一件好事办砸。在"中国大学先修课程"的建设问题上,我们一直小心翼翼,边研究边干,在干中学,在干中不断积累总结经验。我们之所以没有直接照搬美国 AP 课程体系,特别是没有匆忙推出大学先修课程教材的原因就在于此。这件事情极其艰难复杂,我们期待着和所有的有识之士共同努力,为中国教育的未来做一点扎扎实实的事情。

2013 年 12 月 18 日初稿于 Columbia College Chicago Library
2014 年 1 月 16 日定稿于 Stanford University

AP 课程在美国大学招生中的作用[①]

自 2013 年春季北京大学考试研究院推出"中国大学先修课程"以来,国内越来越多的机构和个人对这种旨在实现中学教育和大学教育"无缝衔接"的课程体系产生了浓厚兴趣。一个富于挑战性的核心问题是,大学先修课程的成绩在高校招生中如何使用?如果该成绩不被大学招生部门认可,在功利主义哲学盛行的今天,即使它的意义再重大,家长和学生也不会有足够的动力参与;反之,如果该成绩在大学招生中起的作用过大——类似于以往的学科竞赛,成绩优异者可以直接保送,那将会裹挟所有的学生和家长不得不参与其中,从而加剧了学生负担。面对这一两难选择,我当初的表述是,大学先修课程的成绩在高校招生中的作用应当处于一个均衡点。在这一点上,其作用刚好大到使那些对课程有真实兴趣的学生具有足够的动力参与其中而获得相应的回报;与此同时,其作用刚好小到使那些对课程没有真实兴趣的学生因为获利不大而没有动力参与其中。这个均衡点将会有效甄别出学生是否仅仅出于功利目的而选修该课程。

"中国大学先修课程"的理念源于美国 AP 课程。众所周知,AP 课程在学生申请美国大学,尤其是常春藤联盟的顶尖大学时的作用很大。事实上,AP 课程发展的黄金时期正是始于常春藤联盟大学将其成绩作为入学的重要标准。然而,这种作用到底体现在哪里?其在美国大学招生中的重要性究竟有

[①] 本文删节版发表于《中国高等教育》2015 年第 1 期(总第 536 期),题目是《AP 课程(美国大学先修课)在美国大学招生中的作用》。

多大？在实际过程中又是如何操作的？我曾就这些问题请教过在国内从事 AP 课程教学的国际学校的一些教师。有些人告诉我，AP 课程成绩在美国顶尖大学录取过程中具有决定性作用。拥有 AP 课程成绩的学生在申请一流名校时的竞争力和被录取机会要远远大于没有 AP 课程成绩的学生。但也有一些人告诉我，美国大学招生时并不看学生的 AP 课程成绩。对于学生而言，AP 课程的真正价值在于进入大学后可以抵扣相关课程的学分，由此节约了上大学的成本。这两种几乎完全矛盾的说法令我感到困惑：到底哪一种是真实的？幸运的是，在美国访学期间，我得以有机会接触到第一手的资讯，从而详细了解了 AP 课程的形成及其在美国大学招生中的作用。这些信息也许对于"中国大学先修课程"的未来发展，特别是实现和高校招生的有效互动，具有一定参考价值和启示。

实际上，我从不同途径得到的两种相反的说法都是真实的：AP 课程在美国大学招生中的作用至关重要；美国大学招生机构不看 AP 课程成绩。理解这一点的关键在于，美国 AP 课程有两套并行的考试体系。一套是我们所熟知的由世界上最大的非营利性教育考试评估机构 ETS（Educational Testing Serves，美国教育考试服务中心）组织实施的 AP 课程统一考试，每年 5 月在全球 80 多个国家和地区同时举行，参加考试的学生人数高达上百万。另一套是由具有 AP 课程授课资质的中学自己组织的考试，作为学生的选修课成绩计入 GPA（Grade Point Average，即平均成绩点数。其计算方法一般是将每门课程的绩点乘以学分，加起来以后除以总的学分，得出平均分）系统。这种考试在学习过程中随时举行，几乎每个星期都有不同阶段的测试，其数量可能高达二十多次，每一次的成绩都会对学生最终的 GPA 产生影响。一般而言，大学招生机构在招生时看不到第一套考核体系的成绩，但可以看到第二套考核体系的成绩。

因此，笼统地说美国大学招生时是否看重 AP 课程成绩是不准确的。以加州为例，加州大学既不要求学生必须具有选修 AP 课程的经历，也不要求学生一定要参加由 ETS 组织的 AP 课程考试并提供成绩。在招生过程中，大学更看重学生的诚实度——他（她）是否根据自己的实际水平提供了真实资料。

也就是说,一个自认为没有足够能力参加 AP 课程学习的学生也许会比一个对自我能力没有准确认知而强行参加 AP 课程的学生具有更大的被录取的可能性。因此,是否参加 AP 课程及其考试是学生的自由和权利。学生也可以不参加课程学习而直接参加考试。从这个角度上看,可以说加州大学在招生时并不看重 AP 课程成绩。

加州大学伯克利分校

但另一方面,第二套 AP 课程成绩在申请加州大学九个分校时的作用非常巨大。对于加州大学伯克利分校和洛杉矶分校这样的顶尖大学来说,其影响甚至是决定性的。原因在于,加州大学在招生时非常重视学生的 GPA 表现——这和我们以往的认识相反,有些人错误地认为,美国大学招生时只看重综合素质而不看重学习成绩——而 AP 课程在提升学生 GPA 成绩上的效率极高。美国高中的课程一般分为普通课程、荣誉课程和 AP 课程。普通课程的 GPA 满分是 4 分,但单科 AP 课程的满分是 5 分。平均每门 AP 课程成绩可增加 GPA 分值 0.1 分。那些选修 AP 课程较多、成绩优秀的学生可以快速大幅度地提升自己的 GPA，从而在大学招生中取得较大的竞争优势。例如，在同一所中学的两个学生，学生 A 没有选修任何 AP 课程，尽管他的成绩比较优秀，但 GPA 也许只有 3.6，而学生 B 因为选修了两门 AP 课程，尽管他的其他课程成绩可能不如学生 A 优秀，但 GPA 却有可能达到 3.8 而超过学生 A。从这个角度看，可以说加州大学在招生时非常看重 AP 课程成绩。首先，大学通过学生是否选修 AP 课程这一行为来判断学生的学习能力和未来发展潜力。在美国高中，并非所有学生都可以选修 AP 课程。要想参加 AP 课程学习，必须先要通过荣誉课程，而要想参加荣誉课程，必须先要通过普通课程。因此，能够参加 AP 课程学习这一事实本身已经证明了学生的优秀程度及其学习能力。其次，AP 课程门类众多，总数达 37 门，与大学相关专业的联系极为紧密，因此，学生对于 AP 课程的选择既表明了他（她）对未来专业发展方向的兴趣，也表明了他（她）在面临不同机会时的选择能力和自我认知能力。这一点恰恰是美国顶尖大学招生时重点观测的目标。再次，从性质上说，AP 课程是大学一年级的课程，其难度要远远超过中学普通课程，因此，学生是否选修 AP 课程，选修多少门 AP 课程等，都能体现出学生是否具有挑战困难和自我的信心与能力。大学还可以根据自身招生理念和学生所处环境的不同对此进行不同的解读。也就是说，不一定选修 AP 课程越多就说明学生越优秀。最后，大学在招生中重视 AP 课程成绩不是直接体现的，而是通过重视学生的 GPA 成绩而间接重视了对其产生重大影响的 AP 课程成绩。

　　既然 AP 课程在大学招生中的作用如此重要，为什么大学招生机构不看由 ETS 组织的第一套考核体系的成绩呢？加州大学招生办公室的同行告诉我，大学招生机构的行为会对中学基础教育产生影响。如果加州大学在招生时使用了 AP 课程统一考试成绩，就有可能造成学生并非出于真实兴趣和意愿而被迫学习 AP 课程的情况，从而加剧高中教育的应试倾向。事实上，近年来，随着华裔学生数量的快速增长，美国教育界已经意识到这个问题的严重性，对 AP 课程教学中呈现出的越来越显著的应试倾向提出了严厉的批评，指责 AP 课程过于集中于系列事实的教学，只是让学生能够成功通过考试并顺利进入大学名校，而没有让他（她）们在研究性学习中深入解决较少的问题。

此外，和统一考试的一次性结果相比，美国大学在招生时更看重学生的过程性表现。进入 GPA 系统的 AP 课程本身即是中学课程体系的有机组成部分，因此比较好地解决了过程性评价和一次性评价以及个性化评价和统一性评价之间的矛盾。

如果说由 ETS 组织的第一套考核体系的成绩在大学招生中不起作用，那学生为什么还有动力去参加考试呢？这是因为，虽然这一套成绩在大学招生时不起作用，但当学生进入大学以后，它的作用就会变得很大：如果一个学生的 AP 课程成绩达到了大学对相同课程的要求，就可以抵扣相应的学分。美国大学（特别是私立大学）是按照课程和学分来收取学费的，一门课程的费用大约在 3 000 美元至 6 000 美元之间，而参加一门 AP 课程的考试费用只有 80 多美元，因此，用 AP 课程成绩抵扣学分可以在相当大的程度上降低上大学的成本。近年来，由于经济不景气，美国高等教育的成本越来越高，学生选择 AP 课程的动力也随之增强。参加 AP 课程考试的人数逐年快速增长，原因即在于此。当然，这是就一般情况而言。那些最顶尖的大学，如哈佛大学、斯坦福大学等，是不允许学生用 AP 课程成绩来抵扣学分的；还有一些大学，如 MIT，则要求学生入学后参加该课程的免修考试，合格后才可以抵扣学分。

美国 AP 课程的两套考核体系比较好地解决了中学教育和大学教育的"无缝衔接"问题，也在一定程度上避免了学生的功利化倾向，有利于大学有效甄别出学生选修 AP 课程的真实意愿和能力。但美国的高等教育体系十分复杂，大学招生又是高度自主性的事务，招多少学生、怎样招生以及招什么样的学生，等等，均由大学自行决定。因此，也有一些大学在招生时会参考第一套考核体系的成绩，并且赋予其较大权重。这从另一方面解释了为什么我所得到的答案是相互矛盾的。

2014 年 4 月 23 日初稿于 Stanford University
2014 年 8 月 21 日定稿于 Stanford University

第五部分　访　　谈

"中国大学先修课程"的模式
——答《中国科学报》记者的提问①

温才妃：北大是国内首家开设"中国大学先修课程"的高校，同时我们也知道 AP 课程源自美国。在进入中国的过程中，您怎样看待课程本土化的问题？课程本土化的困境在哪里？

秦春华：任何一个在国外运行良好的项目移植到中国时，都必然面临本土化问题，对于 AP 课程而言更是如此。如果对美国 AP 课程 60 多年的历程进行深入解读，就会发现，它不单单是一个课程序列，而是深刻地根植于美国本土的整个教育体系、文化背景和社会制度之中，并且仍然在持续地发展和变化。因此，AP 课程的本土化必然面临两难选择的困境：如果不考虑制度环境，只是单纯移植课程，很可能会造成"南橘北枳"的现象；如果不希望出现这种情况，就必须同时移植整个制度环境——不只是树，还有连着根系的土壤。这显然又是不可能的。在教育领域，"本土化"的这个特征尤其明显：你也许可以把外形学得惟妙惟肖，但依葫芦画瓢做出来的很可能只是一个玩具，实际上完全不是那么一回事。事实上，这也是"西学东渐"170 多年来中国人所面临的共同困境。那么，怎样去解决这个问题呢？历史上，主张"全盘西化"者有之，主张"中学为体，西学为用"者有之，但最后都失败了。真正有效的办法可

---

① 本文是我于 2014 年 4 月 1 日接受《中国科学报》记者温才妃书面采访的文字整理稿，报道分别发表于《中国科学报》2014 年 4 月 3 日第 6 版，题目是《大学先修课且行且思考》；《中国科学报》2014 年 4 月 17 日第 7 版，题目是《先修课本土化的困境何在》。

能只有一个：采用生物学的技术，从实际出发，因地制宜，通过"嫁接"实现"创造性转化"。也就是说，要根据自己所处的土壤环境，移植某些技术和方法，从而创造出全新的物种。坦率地说，在"中国大学先修课程"的设计中，我们只是借鉴了美国 AP 课程的某些理念和称谓，课程本身则完全是北大自主开发的。

温才妃：AP 课程本土化有两种模式：一是政府教育考试部门、社会专业机构"自上而下"进行，二是由大学抱团"自下而上"进行。二者的本质区别何在？北大致力于推广第二种模式，难点在哪里？

秦春华：按照我的理解，第一种模式可以称之为"强制性制度变迁"，即由政府机构（或与政府有潜在联系的类似机构）主导，通过自上而下的强制性行政手段推而广之，带有强烈的政府色彩；第二种模式可以称之为"诱致性制度变迁"，即人们为了满足现实生活中的需求，自下而上地倡导、组织和实施的自发性制度安排，带有浓厚的民间色彩。实际上，北大也许正在走第三条道路——既没有自上而下，也没有自下而上，而是形成了一种"大学与中学民主协商、平等合作、水乳交融"的模式。这个模式的特点是：以中学为主导，"大学先修课程"是中学选修课体系的有机组成模块；大学为中学提供必要的支持和帮助；"大学先修课程"成绩作为大学招生综合评价体系的参考因素之一；大学和中学在相互交流、充分沟通的基础上不断积累总结经验，等等。目前，我们已经向包括北大、清华、复旦在内的 18 所高校提供了"大学先修课程"成绩。但其难点在于，在中学和教师已经习惯于按照统一模式组织教学的情况下，如何有效地激发他们根据各自学校的特点和学生个性创造性地设计课程模块，为学生提供更好的教育而非训练。这可能是目前所面临的最严峻的挑战之一。

温才妃：大学先修课相当于给学有余力的学生加餐，相反，还存在这样一类问题，即高中与大学知识点衔接不上。比如，物理中"光成像"这样的基础知识，原本应在高中课堂教授的并没有教授。大学先修课的开设，对这样的知识断链有什么启示吗？

秦春华：这实际上涉及实行新课标以后大学教育和中学教育的衔接问题。就物理学科而言，大学物理基础课教学的知识点基本上与新课标之前中学的甲种本的知识点衔接，而新课标将知识点模块化以后，按照三种不同的培养目标设置了必修模块和选修模块，在课程目标上更加注重提高全体学生的科学素养，允许学生按照兴趣自由发展，而不是要求所有的学生学习一样的课程。

然而，由于大一统的高考集中招生录取制度，许多中学在教学过程中根本不考虑中学生应当具有的知识基础，而是高考考什么，老师教什么，学生练什么。这样一来，出现知识断链的情况几乎是必然的。其实，按照目前科学技术的发展速率，完全没有必要对全部学生弥补知识断链甚至知识缺失，只有那些有志于攀登科学高峰的学生才需要完整的知识基础和良好的科学素养。"大学先修课程"为少部分学有余力、确有兴趣、有天赋同时又肯下苦功夫的学生提供了机会，不仅弥补了知识断链，也为他（她）们进入大学后进一步在这一学科领域深造提供了条件和基础，这就激发了中学生对于学科的兴趣和向往，为他（她）们开辟一片科学与人文素养的天地。①

温才妃：北大招办曾经明确表示，"中国大学先修课程"要与自主招生挂钩。那么，在制度上应该怎样设计才能体现它的真正价值，而不是使之成为另一种应试的筹码和招生途径？

秦春华：由于在历史传统、文化背景、社会制度等诸多方面存在差异，中国和美国的教育是完全不同的两种模式。其中一个关键差别是，中国人极为重视考试，因而发明了世界上最精密的应试技巧；相比之下，美国人对应试技巧的重视程度要低得多。因此，和美国的情况完全不同，对于"中国大学先修课程"来说，如果它不和大学招生录取挂钩，学生和家长就没有动力参与，也就不能达到推动中学教育和大学教育实现"无缝衔接"的政策目标；另一方面，如果它和大学招生录取挂钩过于紧密，甚至成为唯一依据（例如过去的奥赛选手具有大学保送资格），那就无法有效甄别哪些学生确有兴趣而哪些学生只是为"敲门砖"而来。因此，在制度设计上必须要实现这样一种效果："大学先修课程"与大学招生挂钩的紧密程度，应当位于这样一个均衡点上：恰好使那些确

---

① 北京大学物理学院王稼军教授对本段文字表述提供了极有价值的基础性建议。王稼军教授是"中国大学先修课程"电磁学的主持人。

有兴趣又有天赋的学生有足够的动力(家长也有动力支持)学习课程,迎接挑战;同时,也恰好使那些没有兴趣、被迫学习的学生感到无利可图、成本过高而自动放弃。从目前情况看,应当说这一效果基本上达到了。

  在中国目前优质教育资源还相对缺乏的情况下,如果"大学先修课程"仍旧采取传统的"讲—练"模式,并且和大学招生挂钩过于紧密的话,就很可能会走上奥赛的老路,从而造成灾难性的后果:奥赛只有五门,一个学生专攻一门就可以解决问题;但"大学先修课程"有几十门之多,一旦形成和奥赛类似的"裹挟效应",将会严重冲击中学现行教学秩序,其后果不堪设想。教育的一个重要特点是允许实验,但不允许失败,因为学生不是实验室里的小白鼠。在教育领域可以"摸着石头过河",但一定要摸清楚了之后才能前进。我们一定要清醒地认识到,"大学先修课程"可以缓做、慢做,小做,甚至不做,但一定不能毁了孩子,哪怕只是一个。

清华大学

  温才妃:听闻北大将尝试通过慕课(MOOC)平台开放"中国大学先修课程",新的方式将带来哪些改变?在效果上与原来的先修课培训有何差别?

秦春华：在中学开设"大学先修课程"的难点之一是，课程的内容和难度都是大学的，因此，其思维逻辑和教学方式等也必须符合大学的要求。然而，现阶段各中学的师资状况参差不齐，并非所有的中学都有条件并且能够按照大学标准开设这一类课程。尽管我们每年花费了极大精力分批培训中学教师，但仍然不可能覆盖到所有希望加入"大学先修课程"计划的中学。

作为大规模在线课程平台，慕课为我们提供了一种重要的而且是多样化的途径，可以在更大范围内进行在线教学培训，原则上全国任何一所中学的任何一名教师可以在任何方便的时间和地点观看课程视频，接受培训。同时，这些完全开放和免费的在线视频课程也可以使一些尚未加入"大学先修课程"计划的优秀学生有机会在网络上学习这些课程。例如，某位学生通过了慕课提供的课程考试，获得了主讲教师签发的学习证书，即使他（她）所在的中学没有加入"大学先修课程"计划，他（她）也仍然可以继续参加先修课程的考试，获得考试成绩。另外，慕课还提供了一种新的教学方式，即中学教师可以组织学生在线观看视频，并有针对性地为他（她）们提供辅导。这也许可以在一定程度上减轻中学师资力量不足的压力。它的确是一个非常令人兴奋的革命性教育创新，北大将会继续致力于推动通过慕课平台开放"中国大学先修课程"。[①]

2014 年 4 月 1 日初稿于 Palo Alto，CA
2014 年 4 月 5 日定稿于 University of Chicago

---

① 本段文字表述得益于和北京大学化学与分子工程学院卞江副教授的极富启发性的讨论。卞江是"中国大学先修课程"大学化学的主持人，同时也是慕课课程"大学化学"的主讲人。

"知分+平行"是最坏的高考志愿填报方式

——答《光明日报》记者的提问[①]

时间:2014 年 6 月 12 日

采访人:《光明日报》记者晋浩天

记者: 据我调查发现,今年的高考志愿填报软件,如志愿无忧等软件走俏,很多咨询专家去中学作讲座时都在推荐不同的软件。有一位高三学生家长告诉我,今年他在咨询老师的推荐下,购买了一款 500 多元的软件,但在使用过程中,发现此软件并不好用,数据缺失等问题屡屡出现。某中学教师也表示,这种软件只能提供往年的数据和信息,算是一个有用的数据库,但对学生填报志愿的作用和意义有限。那么,您认为,这种软件是不是真的如此不靠谱?出现该乱象的原因何在?对此,您又有何建议?

秦春华: 很抱歉,我从来没有见过此类软件,更没有使用过,因此不能妄加评述。高考志愿填报软件作为一种在市场上交易的商品,好用与否,应当由消费者——以前用过的考生和家长来评价。如果考生和家长使用软件填报志愿的准确性比没有使用软件时要高,它就是好用的;反之,如果考生和家长使用软件填报志愿的准确性比没有使用软件时还要低,它就是不好用的。市场会

[①] 本文的采访报道发表于《光明日报》2014 年 6 月 17 日第 5 版,题目为《报志愿:老问题遇到新纠结》,记者:晋浩天。

自行做出判断和选择。但高考在中国人生活中的影响实在太大,所以考生和家长一般都会有一个心理:有总比没有强,大不了白花钱而已。为了孩子能上好大学,花再多的钱也值。这也许是高考志愿填报软件走俏的原因。

　　高考志愿填报软件的出现,应当和高考后知分填报志愿方式有直接关系。因为这种方式要求考生在填报志愿时"知分、知位、知控制线",这就使数据分析的重要性凸显出来了。然而,由于绝大多数家长和考生不具备数据分析的专门知识,他(她)们在如何获取数据和如何使用数据方面存在着许多误区:和大多数人的直觉相反,除了北大和清华两所大学之外,对于准备填报其他高校的学生而言,即使知道了分数、排位和控制线,也不等于志愿填报就有百分之百的把握,可能仍然不能降低落榜风险,甚至反而会增加落榜风险。原因很简单,高考填报志愿是一个典型的彼此之间相互影响的行动。在信息不对称的情况下,你在做出某种决策的时候,并不知道其他人是如何决策的。问题的关键在于,其他人的决策并非和你无关,而是会对你的决策产生决定性的影响。因此,你必须知道其他人是如何决策的才能做出你的决策,而其他人也必须知道其他人的做出才能做出他(她)的决策……这就需要运用博弈论的知识进行分析。对于不具备这种复杂知识的绝大多数考生和家长来说,或许只能通过简单的心理分析来解决这个问题,这就增加了高考志愿填报的不确定性。为了提高确定性,考生和家长就会高度依赖专家的分析和数据。我想,之所以会出现家长反映"高考志愿填报软件不好用"的情况,很可能是因为这些软件只能使用往年已经公布的数据。因为当年的数据属于机密,只有各省市的教育考试院才有,而他们也只能在高考志愿填报工作完成后才能公布有关数据,否则要负法律和刑事责任。用往年的数据来指导当年的高考志愿填报,无异于"刻舟求剑",结果当然不会准确,甚至还会增加出错的几率。因为考生和家长都相信软件分析数据的"科学性",却恰恰忘记了,此数据非彼数据。

　　根据志愿填报方式的不同,志愿填报的策略相应也要有所差异。对于高考前和高考后估分填报志愿的省市,比较有效的参考数据有三个:一是你所在中学往年考上某一水平大学的人数;二是往年考上的学生平时在学校里的排位;三是你本人平时在中学里的排位。把这三个数据放在一起分析,基本上可以判断出今年你应该填报哪一所大学。之所以这三个数据比较有效，原因在于，高考招生录取表面上看是按照成绩录取，实际上是按照排序录取。就短期而言，一所中学的教学质量不会发生剧烈的变化，一所大学的招生计划也不会发生剧烈的变化，两个高度稳定的数据又高度相关，决定了如果考生的平时成绩比较稳定的话，高考志愿填报的结果也应当是稳定的。

对于高考后出分填报志愿的省市，因为"大小年"效应被强化，上述三个数据的有效性受到了某种程度的削弱，但仍然是最重要的参考依据。根据我多年的工作经验，这三个数据的有效性要远远大于考生所知道的高考分数和排位。除了这三个数据之外，还应当再增加一个维度——从反方向去处理"大小年"效应。但我很悲观地认为，在高考后出分填报志愿的情况下，这个问题实际上很难解决。由于信息不对称，高考志愿填报的结果很大程度上是听天由命的。

记者：我国目前的志愿填报方式有三种，您去年在《光明日报》发表的《"招生乱象"与知分后填报志愿》一文中也提到："一种是北京和上海实行的考前填报志愿方式，另一种是黑龙江、山西、辽宁、新疆实行的高考后估分填报志愿的方式，最后一种是其他大多数省市实行的高考后知分填报志愿的方式。"那么，您认为这三种填报方式孰优孰劣？考前报、估分报、知分报三种类型，都有什么样的优点和劣势？未来的志愿填报又该朝着什么方向发展？

秦春华：考前报、估分报、知分报这三种高考志愿填报方式各有利弊。判断孰优孰劣的关键是看你从哪一个角度出发去考虑问题。如果从有利于人才选拔和培养的角度出发，高考前填报志愿的方式最好。因为在这种方式下，考生必须根据自己平时的学习情况来填报志愿。从最终录取结果来看，也比较符合大多数学生的实际情况。当然，高考成绩揭晓以后，有的学生高考成绩高于预期，但由于胆子小而错过了更"好"一些的大学；也有的学生高考成绩低于预期，导致落榜。这是考生和家长无法接受的情况，也是高考前填报志愿遭受攻击最猛烈的地方。在家长和考生看来，还没高考就填报志愿，这岂不是天底下最不靠谱的事情？其实，在高考中，超常发挥和发挥失常都是"小概率事件"，绝大多数学生的高考成绩是和平时成绩高度相关的。但人们往往关注的都是"小概率事件",而容易忽略大多数情况。他(她)们不知道,因为存在信息不对称,在填报高考志愿的时候,有一只看不见的手会将学生分流到适合他(她)们的大学里去。也许从表面上看,某一个学生高考成绩不错却报"低"了大学,但实际上,也许他(她)平时的学习情况和包括心理素质在内的各方面综合情况恰恰是适合这所大学的,否则,他(她)怎么会填报这所大学呢?当考生在还没有高考的时候就填报了这所大学,是因为他(她)经过综合考虑,对这所大学感兴趣,也了解自己的情况,而不一定是因为分数到达了这所大学的录取线而不得不填报。所谓"低",是社会公众从录取分数线来看的,并不说明这所大学的水平就低。这样的话,学生因为进入了一所适合的大学,反而可能在未来容易取得成功。至于那些在高考中出现发挥失常而落榜的情况,现在通过自主选拔录取已经得到有效的解决。如果你的确是一个优秀的学生,那么你所获得的自主选拔录取加分保证了即使你在高考中发挥失常,也不会对最终的录取结果造成颠覆性的影响。这就是为什么教育最发达的北京和上海能够顶住压力,始终坚持看起来最不合理的高考志愿填报方式的原因。这是真正懂行的人负责任的做法。除此之外,高考前填报志愿的另一个有利方面是,生源会在不同的大学间呈现正态分布,大学的生源比较多样化,不会只是一种模式。这一点对人才培养而言至关重要。

在我看来,知分后填报志愿是最差的方式。因为这种方式没有降低考生落榜的风险,反而增加了风险,并没有能够实现政策制定者出台政策的初衷。高考志愿填报是高度个人理性的事情,因为它牵涉个人的根本利益。个人理性往往导致集体的非理性,最终会损害个人利益,这一点已经被博弈论深刻地揭示和严格证明。然而,问题的关键在于,个人决策时并不会这样考虑,他(她)只会选择对他(她)而言利益最大化的方式。这就是人类行为的"悲剧性困境"。知分填报志愿可以降低落榜风险,这是政策制定者和民众从直觉出发想象出来的,否则,我们该如何解释为什么知道分数填报志愿之后,仍然会有大量考生因志愿"扎堆"而落榜?考生和家长往往理直气壮地问了一个看起来不需要回答的问题:当然是知道分数以后填报志愿才最有把握,哪有不知道分数就填报志愿的道理?但实际上他(她)们看不到知分填报志愿背后潜在的风险,这些风险我在《"招生乱象"与知分后填报志愿》《高考知分填报志愿方式的悖论》《高考志愿填报之我见》等几篇文章中都已经进行了深入分析。遗憾的是,政策制定者正是屈从了这样简单化的"民意",实行了高考后知分填报志愿方式,其结果,既造成了中国历史上空前的对分数的绝对化崇拜,也对教育本身造成了无可挽回的损害。但现在很少有人会去这样考虑问题,因为这些伤害效果的显现是在十几年甚至几十年之后。实际上,只要看一看越来越多类似于衡水中学和毛坦厂中学这样的"超级高考加工厂",你就会明白高考后知分填报志愿的危害有多严重。

高考后估分填报志愿介于二者之间。目前,黑龙江、山西和辽宁都扛不住压力而改行知分填报志愿,新疆是硕果仅存的还在坚持估分填报志愿的省市。但我估计,在面临强大社会压力的情况下,它未必能够坚持太长时间,很可能也会改为高考后知分填报志愿。

实际上,志愿填报,集中录取,是计划经济时代在高等教育不发达的情况下采取的高校招生录取模式。我认为,考前也好,估分也好,知分也好,它们都是过渡性的产物。如果按照党的十八届三中全会确定的改革方向,未来实现了"招生和考试相对分离、学生考试多次选择、学校依法自主招生、专业机构组织实施、政府宏观管理、社会参与监督的运行机制",目前的志愿填报方式可能会发生根本性的变化。一个可以期待的方向是,考生凭借高考、高中学业水平考试及其他考试成绩向大学申请入学资格,经大学自主测试后决定是否录取,学生也可以在不同的大学之间进行选择。随着中国高等教育的进一步发展,这是有可能实现的。据我所知,目前日本大学招生就采取类似模式。

记者:今年是北京首次将填报方式由"小平行志愿"改为"平行志愿组方式"。事实上,对于平行志愿,大家一直都有争论。比如,有专家表示,平行志愿实行总分优先的原则,对于考生的报考更加有利。但也有专家,甚至有很多大学校长明确反对平行志愿,认为平行志愿造成了生源单一、分数扁平化、"唯分数论"等问题,违背了素质教育的应有之义。那么,您认为,平行志愿是好是坏?

事实上,截止到2014年,已经有湖南、江苏、浙江、上海、安徽、辽宁、河北、吉林、江西、福建、海南、广西、云南、贵州、四川、宁夏、陕西、广东、河南、重庆、天津、新疆、湖北、山西、黑龙江、山东、西藏、北京等 28 个省（市、自治区）实行了平行志愿，可以说，基本覆盖了全国各地。反对的声音很强烈，但平行志愿几乎覆盖全国也是不争的事实，这是为何？还想请您从更深层次分析一下。

秦春华：我认为，不能简单地评价平行志愿是好还是不好，关键要看它和哪种志愿填报方式结合在一起。因为平行志愿本身并不是一种独立的志愿填报方式，而只是一种辅助性措施。对于政策制定者而言，实行平行志愿的初衷是为了降低考生填报志愿的风险，不至于"上不了天堂，就要下地狱"，希望达到一种"上不了这个天堂，也可以去稍差一点的天堂，至少不会进地狱"的结果。这迎合了考生和家长的现实需求和短期利益——没有人希望自己下地狱。这就是为什么平行志愿几乎覆盖了全国的原因。

但平行志愿的危害显而易见，特别是对高等教育的伤害更为严重，并由此对基础教育的发展造成了伤害。这些弊端有关专家学者已经分析得很透彻了。我需要增加的一点是，在知分填报志愿的情况下，平行志愿人为地把大学和专业在考生和家长心目中按照录取分数高低分出了三六九等，并由此形成了畸形的社会认知，使上大学这一教育行为变成了按照分数购买入学资格的交易行为，从而对学生未来的就业和人的发展本身都产生了严重影响。其危害恐怕不仅在于大学，也从根本上损害了社会的活力和流动性。这就是为什么在平行志愿几乎覆盖全国的情况下，反对它的声音依然很强烈。然而，反对平行志愿的多数是高教界人士。支持平行志愿的多数是政府官员和非高教界人士。这二者的力量对比是不平衡的。高教界人士深谙教育的本质和规律，但他（她）们往往不拥有政策制定的权力和话语权；政府官员和非高教界人士无法对平行志愿的诸多弊端有切身的感受，但对平行志愿的好处却一目了然。而且，高教界人士的反对意见很容易被解读为"本位主义"，这也使得他们的反对意见虽然深刻，但却很难得到社会的普遍认同。

我认为，平行志愿的初衷是好的，但不幸的是，当它和高考后知分填报志愿方式结合在一起的时候，却把它内在的弊端成倍地放大出来，由此形成了最坏的志愿填报方式，进而削弱了它内在的有利的一面。因此，实行高考前填报志愿,通过平行志愿"托底",或许是一个企图照顾到各方利益的不完美的妥协方案。

2014年6月12日凌晨初稿于Oak Creek Apartments,Palo Alto,CA

2014年6月20日定稿于Stanford University

新高考方案对高校招生的影响

——答《21世纪经济报道》记者的提问[①]

时间:2014年8月27日

记者:8月18日,中央全面深化改革领导小组第四次会议审议了《关于深化考试招生制度改革的实施意见》,建议根据会议讨论情况进一步修改完善后按程序报批实施。您认为新的高考方案对高校招生将会产生何种影响?

秦春华:虽然新的考试招生制度改革方案的具体内容还没有正式公布,但其主要精神和基本原则已经相当明确,有些影响已经可以预期。

制度会改变人和机构的行为。对于高校招生而言,在新的考试招生制度下,高校将从被动变为主动,从"据分录取"变为"按人招生"。这将彻底改变目前高校招生的基本模式。由于高考分数不再是招生录取的唯一依据,这将迫使高校必须根据自身人才培养的特点,有针对性地制定富于自身特色的人才选拔目标及其路径。这对大学而言将是一个相当大的挑战。原因很简单,恢复高考30多年来,高校只会按照高考分数录取学生,几乎丧失了选拔学生的能力。除了高考分数之外,高校既不知道还有哪些衡量标准,也不知道如何使用这些标准进行招生。

[①] 本文的采访报道发表于《21世纪经济报道》2014年8月29日,题目为《高考改革为何一拖再拖》,记者:叶渔、马娟、王鹏善,编辑:李二民。8月29日,中共中央政治局召开会议,审议通过了《关于深化考试招生制度改革的实施意见》。

更深远的影响不仅仅局限于招生。招生只是人才培养的一个中间环节，虽然是一个枢纽环节。新的考试招生制度将向前影响中学基础教育的行为模式，向后影响大学人才培养的发展方向。"分类考试、综合评价、多元录取"的招生录取模式将会引导基础教育彻底从分数的束缚中解放出来，回归教育的本质，并对国家未来的创新发展提供新的动力。就这一点而言，新的考试招生制度对于人才选拔和培养，对于国家民族的未来发展将是革命性和根本性的，其意义堪比1977年之恢复高考，甚至有过之而无不及。

记者：在今后的实施过程中，您认为可能出现的最大问题是什么？

秦春华：可能出现的最大问题是，能否在新模式下确保高校招生录取的公平公正。也就是说，中国社会根深蒂固的人情和请托因素不会影响干扰录取工作的正常进行。这一点也是公众对于高考改革的忧虑所在。

我的观点是，公平公正是高校招生录取的首要原则。但落实这一原则的手段并非只有看得见的分数。事实上，由于公平问题本身的复杂性，特别是中国各地方基础教育事实上存在的不均衡，单纯依赖分数作为招生录取的唯一依据，有可能制造出新的更大的不公平。一个明显的例子是，城市学生或家庭经济条件优越的学生可以通过雇佣更好的教师、接受更好的训练而在考试中得到比农村学生或家庭经济条件不好的学生更高的分数。这一点已经被中国台湾、中国香港和新加坡等地的事实所证明。

分数只是一个结果。我们不仅需要知道具体的分数，还需要了解学生是在怎样的环境和条件下得到这一分数的。同一个分数，对于北上广的学生和"新西兰"[①]的学生而言是不一样的；对于北京市海淀区和北京市延庆县的学生而言也是不一样的；甚至对于北京市海淀区一个大学教授家庭的学生和一个低保户家庭的学生而言仍然是不一样的。对于后者而言，他（她）们为获得某一分数所要付出的努力与艰辛和前者相比要多得多。这也意味着，他（她）们可能比前者更有毅力，更有决心，更有韧性，也更有可能成功。如果没有综合评价，如果只有分数这个唯一录取依据，我们就无法实现真正意义上的公

[①] 指新疆、西藏、兰州这些西部省市。

平。事实上,北大所试行的"元培综合评价系统"的经验证明,如果制度设计合理,程序严谨科学,随机性足够强,同样可以保证招生录取的公平公正,甚至比通过分数录取的效果还要好。

其次,不能因噎废食。不能因为有此忧虑,就必须选择以高考分数为唯一录取依据。这是偷懒的做法。以高考分数作为唯一录取依据对教育和人才培养的危害人所共知,不打破这一"祖宗成法",中国教育就没有希望。维护公平公正不是也不应当是阻碍乃至反对高考改革的理由。我们不能总是处于进退维谷的尴尬境地:一方面期待高考改革,另一方面又害怕高考改革。

再次,新的考试招生制度实际上提供了新的竞争机制。这一机制将会有效实现优胜劣汰。大学如果自甘堕落,不但会严重影响其社会声誉,而且会因为学生质量低下而在事实上降低自己的地位;而那些想成为好大学的高校,则会因为招收了质量更好的学生而赢得社会的尊重,从而不断提升人才培养质量和大学在国际国内的地位。关键是看大学如何选择。

值得注意的还有一个问题,目前尚不明显,但未来可能会影响很大。新的考试招生制度要求高校招生不以分数为唯一录取依据,要实行"综合评价"。但高校可能出于各种原因,表面上虽然实行了"综合评价",但最终仍然以分数作为录取的唯一依据——"换汤不换药","新瓶装了旧酒"。这些原因可能是,长期形成的惯性思维、偷懒怕麻烦、不愿付出过高成本、减轻各种社会压力,等等。在这种情况下,如果高考科目调整,减少必考科目,将会使高校在招生时可以凭借的指标范围进一步缩减,中学则会据此只强化训练这几门"主科",而将其他选考科目边缘化,其结果可能是灾难性的。这种苗头实际上在前几年江苏高考改革历程中已经显现,需要引起有关方面的高度重视。

记者:高校自主招生时,除了高考成绩和学业水平测试成绩,综合素质评价是很重要的方面,但目前似乎高中做得并不好。那么,北大对此会有什么相应举措?

秦春华:我希望澄清一个认识:综合素质评价的主体不是高中,而是大学。学生和高中需要做的不是评价,而是陈述事实——没有夸张、不加修饰、不折不扣呈现出来的事实。至于事实所代表的含义是什么,需要由大学进行判断。

对于同一个学生的同一个事实，不同的大学可能会得出不同的结论。由此，大学的特点就在招生时体现出来了。

2011年，北大招办在部分中学发放了《优秀中学生素质养成手册》，用它来记录学生的日常生活和想法，并以此作为自主选拔录取的依据之一。效果非常显著。我们将会在此基础上进一步加以完善。

目前，北京大学考试研究院的一个重要工作，是根据北大人才培养的特点和目标，结合中国基础教育的现状和具体国情，研究制定北大人才选拔的标准和办法。如何进行综合素质评价是其中的核心内容。高校招生的综合素质评价，需要解决两个关键问题：一是构成综合素质评价的指标体系是什么。表面上看，这个问题也许并不复杂，创新精神、批判性思维、领导力等都可以作为综合素质评价的指标。但是，对于不同的大学而言，这些抽象性的概念背后所蕴含的具体含义是不一样的。特别是，在大学招生综合评价体系中，究竟哪些指标是必须列入的，哪些指标是可有可无的，哪些指标是完全不需要的。这些都必须根据不同大学人才培养的不同需求和特点重新设计。另一个问题是如何观测这些具体的指标。如果确立了创新精神为评价指标并明确了其特定含义，那么，怎样判断一个学生是否具有这种创新精神呢？如何将真正具有创新精神的学生和那些只是被包装成具有创新精神的学生区别开来呢？这将是一个极富挑战性的工作，既需要有科学的测量方法，也要凭借多年的经验积累。

我个人认为，新的考试招生制度为高校招生提供了难得的机遇，同时也意味着前所未有的挑战。关键的问题是：我们将如何迎接这一挑战？我们做好准备了吗？

2014年8月27日初稿于Oak Creek Apartments，Palo Alto，CA
2014年8月31日定稿于Oak Creek Apartments，Palo Alto，CA

附　　录

为什么选择北大?[①]

为什么选择北大?这个问题可以用另外一个问题来替换:北大能为你提供什么?如果把学生和大学理解为高等教育市场的需求方和供给方,当需求方所需要的恰恰就是供给方所提供的,这个市场就实现了均衡。

北京大学博雅塔

[①] 本文发表于《招生考试通讯》2013年第6期。《课堂内外》2014年第6期同题转载。《高考金刊》2014年第6期同题转载。

北大能为你提供什么？首先取决于你希望未来成为什么样的人。芸芸众生，遍布于世界的各个角落，构成一个人才金字塔。在这个金字塔的底端，是数以亿计的高素质劳动者；在她的中端，是数以千万计的专门人才；在她的顶端，是一大批拔尖创新人才。每个人都会根据自己的能力和特点，在人才金字塔中寻找一个适合自己的位置。大学也是一样。并不是每一所大学都能培养出拔尖创新人才。各类教育机构会依托自己的历史和现实条件，根据社会对人才的不同需求，有针对性地培养各类不同的人才。只有那些集合了最优秀的学者和科学家的世界一流大学，才有可能培养出拔尖创新人才。之所以说可能而不是一定，是因为人才的形成是一个非常复杂而漫长的过程，良好的大学教育只是提供了基本条件。要想成为真正的人才，还必须经过生活的历练和丰富的阅历，甚至要加上一点点运气和机遇这样可遇而不可求的因素。北京大学不培养一般性的人才。她的着眼点是人才金字塔的最顶端。她的学术表现、教学资源和社会声誉，决定了她应当而且必须培养最顶尖的领袖人才。这是北京大学最核心的历史使命。因此，只有你想成为这样的人，你才能适应这里的土壤和文化。否则，你既浪费了资源，也难以找到自己的位置和感觉。

那么，要想成为领袖人才，需要具备哪些优秀素质？对这个问题可能有一千个不同的答案，但比较集中的共识是，你必须首先具有独立而有批判性的思维能力。世界充满了不确定性。在我们面前，横亘着一道巨大的"无知黑幕"。我们实际上不知道未来将会发生什么。正因为有不确定性，人类社会才会创造出保险一类的经济制度，也才会有所谓"理性预期"。如果没有不确定性，所有的结果都是确定的，就不需要保险，也不需要预期，更谈不上理性预期。因此，一个快速发展的现代社会要求一个受到良好教育的人不仅掌握专业知识，而且拥有对所有新资讯进行透彻理解的能力和解决问题的能力。耶鲁大学校长理查德·莱文教授在一次演讲中曾经引用《耶鲁1828年报告》中两个非常深刻的概念：思想的"方法"（discipline）和"内容"（furniture）。这份对美国本科教育产生深远影响的报告指出，掌握一门专业的知识，就是获得"内容"，而这在万变的世界中没有永久的价值。想要成为商界、医学界、法律、政治和学术领域的领袖，学生们需要的是"方法"，就是能够适应瞬息万变的形势，面对新的挑战和创造性解决问题的能力。正是在这样的教育理念指引下,耶鲁大学成功地培养了美国历史上的5位总统和13位诺贝尔奖得主,成为诞生领袖的摇篮。

如果把耶鲁大学作为一个参照系的话,我们立即可以发现北京大学在本科人才培养方面的许多闪光点。这些闪光点汇聚在一起,就有可能成为培养世界级领袖人才的熔炉。

第一,北京大学为你提供了一个宽广的平台。基于对世界变化和社会发展的认知,我们提出了"全方位、多样化"的本科人才培养理念。"全方位"意味着,在本科教育阶段,我们更强调学生的综合素质培养和全面发展,而把专业化放置到更高层次的研究生教育阶段。我们意识到,一个人接受良好教育不仅仅是为了谋生,还应当有更超越的目标,至少也是为了使个人生活得更有追求,更有趣味,更有尊严,质量更高。学生也不是为了应付考试而存在的机器。他们需要充分享受教育带来的愉悦和提升。因此,全方位的教育为学生提供了这样的机会——他可以选择任何他觉得需要的东西去学习,是为了自身素质的提高而不是为了某个具体的目标而学习。"多样化"意味着,人才培养的模式不是一元的而是多元的,不是平面的而是立体的,不是单一的而是丰富的。用北大老校长许智宏院士的一句话说,北大好比是一座百花园,各种花卉和植物在这里争奇斗艳,竞相绽放。每一种植物都可以在这里找到自己的位置和价值。毕竟,世界是复杂的,未来是不确定的。我们不可能用一个现成的统一模具去批量生产现时社会需要的人才。这样的所谓人才也无法应对未来千变万化的世界。唯一有效而正确的方式只能而且必须是,让每一个人按照他自身的素质和特点选择一条最适合他(她)发展的路径。全方位和多样化紧密相连。没有全方位就不可能有多样化;反过来,没有多样化也无法形成全方位。二者是有机统一的。正是从这个意义上说,只有综合性大学才有可能提供全方位、多样化的教育。否则,即使认识到了这一点,也是有心无力,无法实现。

或许,宽广平台的更重要的意义在于,它为你下一阶段的发展提供了更多的可能性。可以想象,如果在本科教育阶段你的视野不够宽广,到了研究生阶段就只能继续沿着一条单一的途径向上攀登,这意味着你可能会丧失很多其他更有价值和意义的选择。毕竟,(根据美国一项最新研究结果)一个人在18岁的时候还没有形成完整的情商,还无法对自身和外部世界形成有价值的判断和认知。因此,本科教育阶段的平台越宽广,也就意味着你在未来的选择机会越多,成才的几率更大。

第二,北京大学为你奠定了扎实的基础。"十年树木,百年树人。"人才的培养和植树造林有某种程度的共通性。土壤越肥沃,树木才可能生长得越快越好,越能成材。教育也是一样,基础越扎实,人才培养的速度和质量才会越高,越能成才。北京大学本科教育的基础扎实世所公认,在国际上享有盛誉。这主要取决于三个根本性因素:一是百年学府的厚重积淀。一代又一代学术大师把他们的智慧、思想、经验凝结成一脉相承的传统精神,代代相传,层层积累,形成学术和思想的沃土。正像土壤的肥沃程度只能靠时间积累一样,这种学术思想的沃土也只能靠时间积累,无法在短期内复制。正是从这个意义上说,世界一流大学既不是自封的,也不可能一蹴而就。二是雄厚的学术科研实力。现代大学已经成为知识创新和学术科研的重要领域。一般说来,研究型大学的教学和科研同样重要。二者相互推动,相互促进,共同发展。没有教学,科研就会丧失活力和灵感;反过来,没有科研,教学就成了无本之木,无源之水。北京大学拥有雄厚的学术科研力量,目前有18个学科进入全球大学和学术机构的前1%,标志着这些学科已经进入世界一流行列。三是严谨系统的学术训练。作为中国近代第一所国立综合性大学,北京大学白手起家,开创了中国众多重要学科的先河。几乎每一个重要学科的源头都可以追溯到一百多年前北京大学设立的某一"门",这个"门",就是当时的学科。比如,我们熟知的化学门、数学门、物理门、经济门,等等。不要小看了这种百年积淀的历史性意义。它意味着,每一门学科,无不是经过了数代最优秀学者的千锤百炼,其中当然也包含了无数失败和经验的总结。这种学术训练的系统和完整同样也是无法替代和复制的。为什么说北京大学的毕业生后劲足?原因就在于他(她)的基础扎实,训练有素。

第三,北京大学为你提供了充分的选择。中国正在经历着人类历史上最深刻的变革。在从传统社会向现代社会的双重转型过程中,人们的思维方式、行为方式、生活方式都发生了根本性的变化。其中最重要的一点也许是选择机会的空前增加。传统社会是一元的,现代社会是多元的;传统社会是被动服从,现代社会是主动选择;传统社会是从一而终,现代社会是分化裂变。因此,生活在现代社会的人必须具备两种素质:一种是你要学会处理复杂问题的多项本领。你要拥有一个"百宝箱",遇到哪一类问题,就能提出解决问题的哪一类办法;另一种是你要学会在众多的机会中选择一个最适合你的。为什么要学会选择?因为资源是有限的,你的时间、精力、金钱等都很有限。就像"人不能同时踏进两条河流"一样,当你选择了一个机会的时候,往往意味着你不可能同时选择另一个机会。所以萨特说,选择要付出代价。这个代价,经济学称之为"机会成本"——当你做一件事而不得不放弃做另一件事时所放弃的收益。人们需要做的,就是在众多的机会中选择一个能使自己收益最大化的机会。这两种素质,只有在综合性大学才能培养出来。北大之所以能够给你提供最充分的选择,一是因为她的学科最齐全,你想学的任何一个学科都可以在北大找到。二是因为她为你提供了一整套选择的机制。从你进入北大校门的第一天起,她就为你提供了一个完全开放的体系,你可以从中选择你最喜欢、最有兴趣的领域进入。而且,我们鼓励你进行选择,这是一种文化。因为我们相信,只有在你最喜欢、最有兴趣的领域,你才有可能做出非同一般的超凡成就。三是因为她所提供的机会最多。无论是课程设置、国际交流、社团文化,还是就业机会、社会实践、同学朋友,北大都为你提供了让你难以想象甚至是眼花缭乱的选择。正是在这种不断"试错"的主动选择中,你逐步培养起独立自主思考、处理复杂资讯、敢于挑战权威、学会舍得放弃等一系列在你日后人生道路上将会发挥重要作用的能力。

  第四,北京大学为你提供了丰富的校园文化。大学时代是一个人身心成长的黄金阶段。在这个阶段中,知识学习固然是最重要的内容之一,但远不是全部。学习不等于教育。教育的内容远比学习丰富得多。事实上,在大学阶段,一个人从同学、朋友、社会各阶层人士那里学到的东西可能要比从老师和课堂上学到的更多更广。世界上最古老的大学意大利博洛尼亚大学成立于

900多年前,它对大学的定义是,大学大学,大家来学。也就是,一群人为了探求某种共同感兴趣的问题而聚在一起学习研究,那些掌握更多知识的人就成了老师。学习结束后,给学生发一纸表明经历的文凭,就形成了最初的大学。从这个意义上说,那些大学里最深刻最厚重的东西是无法被培训的,它只能被感知,被熏陶,被领悟。北大素有"以空气养人"的说法,看一看自习室里的人头攒动,看一看图书馆的博大精深,看一看远处走来的平凡的大师,看一看讲座、报告的火爆场景,看一看洋溢着青春活力的面庞,看一看未名湖畔的微风拂柳,在这里待久了,你会慢慢地发生一种奇妙的气质上的变化。这种变化的根源,在于活跃的思想的撞击,在于丰富多彩的校园文化活动,在于每年一千多场讲座、报告,等等。说不清楚哪一天,你会发现你已经不是原来那个青涩的你,你已经脱胎换骨。

第五,北京大学交给你思维的方法。请注意,我使用的是"交"而不是"教",也就是说,这种思维方法是在长时间的系统训练中主动形成的,是内生的产物。这可能是北大为你提供的最可宝贵的东西,也是北大本科教育能够跻身世界一流大学行列的根本原因。耶鲁大学校长理查德·莱文曾经深刻地指出:"与欧洲和美国一流大学不同的是,中国和韩国的教育方式倚重于机械式的学习。传统上,学生们是被动的听众,他们很少在课堂上对彼此或是教授的见解提出异议。教学法注重对内容的掌握,而不是对独立批判思维的发展。传统的亚洲式课程和教育方式也许对培养工程师和中级政府官员非常有效,但可能并不适合培养具有领导才能和创新精神的精英。"事实上,从建校伊始,特别是从蔡元培校长主校开始,北大的本科教学就走上了一条不同于传统教育方式的道路,始终高度关注对学生独立批判性思维的培养,已经成为一种珍贵的精神传统。北大的课堂,固然有世界最前沿的知识的讲授,但更重要的是,老师们鼓励学生挑战自己的权威和观点,不断激发他们的想象力,引导他们从不同的立场和角度提出自己的观点;只要言之有物,言之成理,能够自圆其说,都可以登上大雅之堂。而教授们之间在学术观点上的针锋相对,各种思想文化的撞击,也为学生从各个角度理解一个问题提供了宽容的平台。学生一旦掌握了这种思维方法,就会"一法通万法通",能够用它来处理各种问题,包括从未遇到过的难题。进入了这个境界，可以说，拔尖创新人才的雏形就已经具备了，你就有可能成为"具有领导才能和创新精神的精英"。

回到我最初的问题，为什么选择北大？那是因为，北大可能为你提供了一个发现并完善自我的机会。对于很多中国的家庭和孩子来说，这意味着万分之一的机会和概率，有时候可能是一个远在天边的梦想。但是我相信，抓住了这样的机会，你就有可能成为最出类拔萃的人群中的一个，你就有可能为国家和民族，乃至为世界和人类做出非同一般的贡献。那时候，你会像因发现H5N1型病毒而蜚声世界的著名生物学家陶一之那样，在接过"影响世界的华人"奖杯时深情地说："我之所以今天能够站在这里，我要感谢我的母校北京大学。"

2010年5月5日初稿于北京大学老化学楼
2013年4月14日定稿于北京大学老化学楼

后　记

　　伴随着引擎巨大的轰鸣声,飞机平稳地降落在芝加哥奥克兰国际机场的跑道上。舷窗外,暮色悄然降临。这一天,是 2013 年 11 月 18 日。

　　从这一天起,直到 2014 年 11 月 20 日,我用了整整一年时间,从芝加哥到旧金山再到波士顿,从纽约到纽黑文再到普林斯顿,几乎遍访了美国最顶尖的私立大学和公立大学。我研究的主要领域是美国大学招生录取制度和本科教育。借助女儿上学的便利,也顺带了解了美国的幼儿教育。此外,由于美国高等教育和基础教育之间的联系十分紧密,尽管时间非常紧张,我仍然咬牙挤出了将近一个月的时间,在 Palo Alto High School(加州最好的中学之一)和学生们一起上课和参加活动,详细考察了美国中学教育的组织和运行情况。[①]我的研究方法主要是社会学意义上的体验和访谈。体验是指将我本人作为一个受教育的个体,直接在大学和中学的课堂里上课、阅读和参加各类活动;访谈是指在一系列问题的引导下,和各种各样的人面对面交谈,主题则仍然集中在大学招生和本科教育。一年来,我访谈了近百位教授、学校行政管理人员、中学教师、学生、家长和企业家,从不同角度和立场出发,不同程度地向我所关心的核心问题接近,积累了大量第一手的资料。以前,我曾多次访问美国,但囿于时间限制,只能是走马观花地获得一些浮光掠影的表面感受。这一次,通过亲身融入普通美国人的生活、学习和工作之中,我才第一次深切地感受到,

---

[①] 美国好中学和差中学之间的差别极大。我不仅考察了加州最好的中学,也去过两所不好的中学,只不过因为意义不大,待的时间很短罢了。

后记

对于美国这样一个复杂和庞大的教育体系来说，短短几天蜻蜓点水似的考察是不起作用的，有时候得到的还可能是容易引起误读的信息。要想真正了解美国教育，你就必须踏踏实实地在一个地方住下来，像普通美国人一样，送孩子上学，去学校上课和工作，去超市买东西，和朋友、邻居交谈，开 Party，参观博物馆，旅行，等等。否则，你了解到的永远是一些碎片化的信息，非但不能帮助你形成关于美国教育的正确知识，反而可能诱使你得出似是而非甚至是错误的判断。理解这一点的关键在于，美国教育是深深根植于美国历史、传统、文化和社会背景的一个完整体系，美国人的教育理念、观点、模式和具体做法，无一不是从其实际出发，为了满足美国人的教育需求，而在长期的积累中逐步形成的。换句话说，它只能解决美国人面临的实际教育问题。改革开放以来，中国派出了数不清的各级各类教育考察团，也借鉴引进了许多理念、做法甚至是人，为什么学回来的东西总是水土不服呢？原因可能就在于此。

为什么我要下决心去美国学习招生考试制度？这还要追溯到三年之前。那时，我刚刚担任北京大学招生办公室主任不久，在工作中遇到了许多实际困难，没有人能提供令人满意的答案，我自己也想不清楚。开始，我试图寻找一些书籍和资料以资参考，但有一天，我在西单图书大厦里待了四个小时，却一本相关的书都没有找到。失望之余，我不禁感到困惑：为什么如此重要的一个领域，却没有人去研究呢？

说完全没有人研究，这并不准确。实际上，国内有些机构和学者，对高考制度特别是考试技术已经开展了很多研究，但其研究成果往往不能解决招生工作者面临的实际问题。究其原因，最根本的恐怕在于，这些学者从来没有亲身参与过招生工作，不熟悉实际的招生流程，对于招生种类和程序、招生政策制定的后果、影响以及细节不甚了了，特别是对于具体招生决策中可能出现的种种复杂问题更是无从知晓，表面上是专家，却说了许多外行话；而绝大多数招生工作人员（包括我自己），由于深陷于事务性工作无法自拔，既没有时间也没有能力去进行理论思考，往往难以把工作经验转化为理论研究成果。因此，一个本该建立在严谨扎实研究基础上的工作变成了一个纯粹经验性的技术活儿。理论和实践脱节了。

更为重要的是，我担任北京大学招生办公室主任的那几年，恰好是中国高校自主招生改革发展最迅速的时期。面对统一集中的高考录取制度所带来的日益严重的弊端，越来越多的人意识到，必须下决心打破"唯分数论"的窠臼，实现"分类考试，综合评价，多元录取"的改革目标。然而，到底应该如何实现这一目标？实现的路径、方法和手段是什么？却没有人能够给出令人满意的答案。以"中学校长实名推荐制"为突破，北大进行了一些探索，也积累了一些经验，但远称不上成熟。最关键的是，自己心里没底儿。它是科学的吗？它是有效的吗？它是稳定的吗？

2012年5月，根据教育部"高水平大学自主选拔录取制度研究"课题组的工作安排，在时任天津教育考试院院长乔丽娟的带领下，我和复旦大学、北京师范大学、天津大学等高校的招办主任，专门深入考察了美国大学特别是公立大学的招生考试制度，澄清了许多过去认识上的误区，收获良多。遗憾的是，那一次的时间有限。我了解的东西越多，产生的疑问和困惑也就越多。记不清是哪一天了，在加州大学伯克利分校高等教育研究院的会议室里，一个大胆的想法忽然闪进了我的脑海：我能不能专门来美国学习他们的招生考试制度呢？

感谢芝加哥哥伦比亚学院的邀请和北京大学考试研究院的支持，使我得以把这个想法变成现实。2013年11月12日，我正式卸任北京大学招生办公室主任职务。一周之后，我踏上了飞往芝加哥的航班，开始为期一年的访学研修生活。在美国的日子简单而充实，这是我一生中再也不可能拥有的一段难忘时光。每天，我七点准时起床，七点半吃早饭，八点钟出门，花四十分钟走到学校，开始一天的学习和工作，和各种各样的人交谈。没有访谈安排的时候，我要么上课，要么听报告，要么在图书馆里查阅资料——斯坦福大学教育学院图书馆保留着20世纪以来几乎所有有关大学招生录取的研究文献。中午在食堂吃完饭，我常常会去附近的一个小书店里转一转，或者坐在长椅上静静地看来来往往的人。这是我一天中最闲适静谧的时光。下午继续上午的工作。五点，当悠扬的钟声响起的时候，我收拾停当，在夕阳下花四十分钟走回家。六点钟开始吃晚饭。晚饭后，一家人在小区里散散步，聊聊一天里有趣的事

后记

情,陪女儿做游戏,看动画片,讲故事。八点半,妻子陪女儿睡觉,我去小区的俱乐部锻炼一个小时。十点,夜深人静的时候,我开始整理一天的工作成果,尽可能把了解到的信息记录成文字。或者,阅读和写作,直到深夜两点。我每天的有效工作时间大约在12小时以上,几乎天天如此。

这本集子里的文章,绝大多数就是这么写成的。它们大多形成于我往返于家和学校之间的路上——早晨和下午的两个四十分钟是我一天中思维最活跃的时候——记录了我在美国一年生活中的思考和体悟。不一定正确,但全部都是真实的。这些文章在媒体发表之后,也可以在我的博客 http://blog.sina.com.cn/richardpku 上看到全部文稿,部分文章还在微信圈里流传。此次应朋友要求结集出版,以便于读者查阅。除个别字句做了修改之外,基本保留了文章的原貌。我给它取名为《重新出发》,也意味着我将开启一段新的人生旅程。

二十多年前,当我还在读高一的时候,每天走在上学和放学的路上——恰好也是四十分钟路程——我都会不由自主地产生一些观点和想法。夜里十二点,做完全部功课之后,我把白天的想法写成文章,第二天一早扔进邮筒,一周后见报。没想到的是,二十多年后,我再次做了同样的事情,只不过地点从边陲小城换成了美国。我不得不承认,这就是我最喜欢做的事情,我很享受这样的过程。

秦春华
2016年3月16日于北京大学经济学院

致　　谢

本书是我在美国访学研修期间的主要研究成果之一。我要特别感谢芝加哥哥伦比亚学院（Columbia College Chicago，CCC）中国事务办公室主任张新亚博士。没有他的古道热肠，我既不可能在如此之短的时间里赴美，也不可能顺利开展我的研究课题；自然，也不会有这本书的问世。对于他和夫人朱永芳女士对我们一家在美期间的帮助，我们终生难忘。

感谢芝加哥哥伦比亚学院董事会资深主席 Allen M. Turner 先生、校长 Kwang-Wu Kim 博士、教务长 Louise Love 博士、协理副校长 Debra Mcgrath、助理副校长 Murphy D. Monroe、国际学生事务办公室主任 Gigi Posejpal 女士、招生办公室国际招生主任 Susan Strow 等人对我的无私帮助，并慷慨地和我分享他（她）们对于教育和本科招生的智慧。

感谢芝加哥大学北京中心副主任袁霁先生。没有他的居中联络，我不可能顺利实现赴美访学的愿望。他对美国基础教育的洞察给了我非常大的启发。感谢芝加哥大学北京中心主任杨大利教授的帮助；感谢芝加哥大学化学系何川教授为我介绍并引见了多位有影响力的教授以及提供的诸多便利；感谢芝加哥大学副校长 Ian H. Solomon 的关心和支持；感谢芝加哥大学本科学院院长 John W. Boyer 教授、芝加哥大学理学院副院长 Michael D. Hopkins 教授、芝加哥大学海外学习中心主任 Sarah Walter 博士以及芝加哥大学招生办公室副主任兼国际招生主任 Carol Lin-Murphy 博士等专业人士对我研究工作所提供的支持和极富建设性的建议。感谢芝加哥大学经济系陈知之同学向我提供的有关芝加哥大学学生学习生活的有关资讯，芝加哥大学政府管理学院的曹正岳同学也提供了类似的信息。

感谢西北大学本科生招生办公室主任 Aaron B. Zdawczyk 博士在多次面对面交流中向我提供的专业性资讯；感谢西北大学国际项目发展和全球健康研究中心的项目协调官 Gregory Buchanan 的大力支持。

感谢威斯康星大学帕克赛德分校国际教育中心主任王哲民博士以及美国华人教授科学家学社常务副会长、威斯康星大学帕克赛德分校社会学教授王勋博士和我分享他们的孩子申请哈佛大学的成功经验。

加州大学校长办公室的常桐善博士是我在美期间最重要的研究合作者，也是我非常要好的朋友。在加州期间，我几乎每周都要去他的办公室，和他探讨我们共同关心的问题。常桐善博士是美国大学招生界的资深人士，对美国顶尖大学的招生综合评价系统有着深湛的研究。他还给我引荐了许多美国招生界的同人，在和他（她）们的交流中我获得了许多第一手的资料和信息。

感谢加州大学招生办公室主任 Michael R. Trevino 博士为我提供了关于美国顶尖大学招生委员会运行和决策机制的宝贵资讯；感谢加州大学本科招生办公室副主任 Monica H. Lin 博士、加州大学招生办公室副主任 Han Mi Yoon-Wu 博士、加州大学校长办公室公共研究协调官 Gregory Sykes 博士、加州大学招生评价研究服务中心协调官 Evera Spears 博士的大力支持。

感谢加州大学伯克利分校招生办公室副主任 Anne M. De Luca 博士所提供的关于加州大学各分校特别是伯克利分校的招生资讯。感谢加州大学伯克利分校和加州理工学院机械工程系联合主任 George C. Johnson 教授、加州大学伯克利分校高等教育研究院滕霞博士对我的研究课题所提出的宝贵建议。

感谢斯坦福大学招生办公室主任 Richard H. Shaw 博士向我提供了关于美国顶尖大学招生录取制度的全面信息，并耐心细致地回答了我的许多问题。他是美国大学招生界的权威，曾多年担任耶鲁大学的招生办公室主任。感谢斯坦福大学亚洲语言文学系主任及东亚研究中心主任孙朝奋教授夫妇对我们一家在加州期间的帮助和支持。

感谢 Palo Alto High School 历史教师 Steve Foug 先生及其他教师的大

力支持,使我得以近距离观察和理解美国的基础教育。向我提供类似帮助的还有旧金山 Abraham Lincoln High School 的生物教师方帆和 George Cachianes 等人,和他们的交流使我获益良多。

感谢麻省理工学院(MIT)教务长 Martin A. Schmidt 教授在百忙之中的会见,他向我介绍了 MIT 在本科教育方面的最新进展;感谢 MIT 招生办公室主任 Matt McGann 'Oo 博士向我介绍了 MIT 独具特色的招生理念,特别是如何发现、寻找适合 MIT 培养的优秀学生的招生录取制度的宝贵信息。感谢 MIT 工学院 Richard Larson 教授对我的热情接待,他还和我分享了自己对本科教育和网络教学的极富前瞻性的理解;感谢 MIT 机械工程系主任陈刚教授为我提供的关于 MIT 本科培养的有关信息;感谢北大校友、MIT 电子工程系孔静教授的大力支持。感谢 MIT 产业联络项目(Industrial Liaison Program,ILP)汤传璋博士以及大中华区首席战略官荣光辉博士的鼎力协助。

感谢哈佛大学工程和应用科学系主任 Fawwaz Habbal 博士向我提供的有关哈佛大学本科招生和人才培养的宝贵信息。感谢哈佛大学中国中心主任 Lillian Wei 女士的大力支持。

感谢威尔斯理女子学院招生委员会主席步起跃教授向我介绍美国顶尖的文理学院招生录取的有关资讯。我曾三次到访波士顿,每一次和他的交流既愉快又富有成效,启发和丰富了我对研究课题的理解。

感谢中华人民共和国驻芝加哥总领事馆参赞衔领事覃菊华女士对我的关心、帮助,以及对我的研究课题的宝贵建议。感谢领事李晓峰、副领事陈炳君的支持。

感谢中华人民共和国驻旧金山总领事馆教育组参赞衔领事杨军对我的支持和关心。对于远在异国他乡的我们来说,领事馆就像家一样亲切。

感谢中国硅谷协会会长徐丽雯女士以及其他热心人士的帮助和支持。实际上,在美期间,为我的研究工作提供慷慨帮助的人还有很多很多,如果把他(她)们的名字一一列出的话,这份致谢的名单可能太长了。在此一并表示感谢。

这本书是"北京大学招生考试研究丛书"的一种。丛书得以顺利出版,离不开北京大学出版社的有力支持。衷心感谢社长王明舟、总编辑张黎明对我的关心和帮助。他们是我的老师,也是我最好的朋友。感谢责任编辑高桂芳博士专业、严谨的工作,没有他的督促和支持,本书不可能这么快就面世。

感谢教育部各位领导对我的关心和支持。教育部党组成员、副部长林蕙青十分关心我的研究工作,对我寄予了殷切期望。教育部高校学生司司长王建国、副司长王辉,本专科招生处处长范卫宏、副处长蔺为民、平伟等领导对我以前和现在的工作都给予了一贯的支持,在和他们的工作交流中我受益良多。感谢教育部考试中心主任姜钢和副主任杨松,他们既是我的领导,也是我的挚友。

衷心感谢北京大学党委书记朱善璐教授,党委常务副书记于鸿君教授,常务副校长吴志攀教授、柯杨教授,副校长王杰教授,党委副书记敖英芳教授、叶静漪教授,副校长李岩松教授,副校长兼教务长高松院士,副校长王仰麟教授以及其他领导对我工作的支持和生活上的关心。感谢中国人民大学校长刘伟教授一直以来对我的关心和帮助。感谢北京大学校长林建华教授对我的信任、支持和指点,并在百忙之中为本书作序。北京大学前校长王恩哥院士十分重视北京大学考试研究院的工作,专门为"北大招生考试研究丛书"写了序言。

感谢北京大学考试研究院副理事长初育国博士的大力支持。二十年前,他曾担任北京大学招生办公室主任,并萌生了成立招生考试研究机构的梦想。二十年后,我们一起努力把这个梦想变为现实。

感谢北京大学教务部、北京大学招生办公室、北京大学考试研究院的各位同人。谢谢你们对我工作的支持。感谢北京大学考试研究院诸位常务理事、理事的大力支持,和你们一起工作,为中国的招生考试事业奉献力量,是我一生的荣幸。

感谢我的导师陈德华先生和师母尹惠芬女士。先生年届八十高龄,仍然一如既往地关心我的生活、工作。先生教了一辈子书,做了一辈子学问。我之所以投身教育事业,无形中受了先生的极大影响。

感谢我的岳父毛如柏先生和岳母张蜀华女士。在你们身边时,因为工作任务繁重,不仅未能尽孝,反而辛苦老人为我们照看孩子。在美国一年,更是没有尽到我们的责任。

  感谢我的父亲秦孝先生和母亲王芝芳女士。我常年出门在外,和你们聚少离多。希望献给你们的这本书能够聊慰彼此的思念之苦。感谢我的弟弟秦春来先生,你承担了太多本该由我承担的责任和义务。

  感谢我的女儿霖霖。你是我生命中最大的奇迹。正是从你身上,我看到了教育的使命和责任。

  最后要感谢我的妻子毛韵卿女士。谢谢你为我做出的牺牲,尽管你始终强调这是你心甘情愿的。但我在内心深处完全知道,这些牺牲是多么巨大,以及它们意味着什么。

秦春华
2016 年 3 月 16 日
于北京大学经济学院